WAS NAZARENER KENNZEICHNET

HERAUSGEGEBEN VON DER
KIRCHE DES NAZARENERS, DEUTSCHER BEZIRK E.V.
FRANKFURTER STR. 16-18
63571 GELNHAUSEN
DEUTSCHLAND

© Copyright 2016. Alle Rechte vorbehalten. Kirche des Nazareners Inc.

ALLE BIBELVERSE SIND ZITIERT NACH DER GUTEN NACHRICHT BIBEL, REVIDIERTE FASSUNG, DURCHGESEHENE AUSGABE, © 2000 DEUTSCHE BIBELGESELLSCHAFT, STUTTGART.

INHALTSVERZEICHNIS

WAS NAZARENER KENNZEICHNET

UNSER PROTESTANTISCHES ERBE

EINE WELTWEITE KIRCHE

UNSERE GRUNDWERTE

EINE BESONDERE MISSION

HAUPTMERMALE DER NAZARENER

GRUNDZÜGE WESLEYANISCHER THEOLOGIE

GLAUBENSARTIKEL DER KIRCHE DES NAZARENERS

DIE EKKLESIOLOGIE DER KIRCHE DES NAZARENERS

FORM UND ORGANISATION DER KIRCHE DES NAZARENERS

DIE KIRCHE

EINE ENG MITEINANDER VERBUNDENE KIRCHE

DIE KIRCHE GOTTES IN SEINER HÖCHSTEN FORM IM HIMMEL UND AUF ERDEN HAT SEINE VERSAMMLUNGEN, LEHREN UND GEMEINSAMEN GOTTESDIENSTE, ABER ALL DAS DIENT DAZU, DASS EIN MENSCH IN DER ÄHNLICHKEIT SEINES SOHNS JESU CHRISTI WÄCHST.

— PHINEAS F. BRESEE

erster Generalsuperintendent der Kirche des Nazareners

Diese Broschüre „Was Nazarener kennzeichnet" stellt die Kirche des Nazareners als eine weltweite Bewegung dar, für die Heiligung und der Missionsbefehl wichtig sind und die sich dem Erbe von Wesley und Arminius verbunden weiß.

Viele jüngere geistliche Leiter und andere Glaubende haben darum gebeten, etwas über die Lehre, Geschichte, Mission, den finanziellen Aufbau und die Beziehungen der Kirche des Nazareners zu erfahren.

„Was Nazarener kennzeichnet" bietet für Pastoren und Laien eine Möglichkeit, das Ziel der Kirche besser zu verstehen. Dieses Ziel ist es, biblische Heiligung zu verbreiten und dem Auftrag zu folgen, in den Nationen Menschen zu christusähnlichen Jüngern zu machen.

„Was Nazarener kennzeichnet" kann auch im Internet abgerufen werden. Dort werden zudem zusätzliche Hilfen in verschiedenen Sprachen angeboten: www.nazarene.org/essentials

Während Sie „Was Nazarener kennzeichnet" lesen und studieren, werden Sie mehr darüber erfahren, wie die Kirche des Nazareners gehorsam die Gute Nachricht Jesu Christi weiterzugeben versucht.

Bitte beachten Sie: „Was Nazarener kennzeichnet" ersetzt nicht das Manual (Kirchenordnung) der Kirche des Nazareners, sondern ergänzt es. Das Manual kann ebenfalls unter www.nazarene.org abgerufen werden.

Ein markantes Kennzeichen unserer Kirche ist die Frauenordination, die bereits vor der offiziellen Gründung der Kirche (1908) eingeführt wurde. Deswegen sei an dieser Stelle vorweg darauf hingewiesen, dass alle Amts-, Status-, Funktions- und Berufsbezeichnungen in dieser Broschüre auch Frauen betreffen, auch wenn sie in der männlichen Form formuliert sind.

John Wesley,
1703-1791
Begründer der Methodismus

UNSER PROTESTANTISCHES ERBE

Die Kirche des Nazareners ist davon überzeugt, ein Zweig der „einen, heiligen, universellen und apostolischen" Kirche Christi zu sein. Deshalb ist die Geschichte der Christenheit ihre eigene Geschichte. Nazarener sind damit Teil der Geschichte von Gottes Volk, wie sie im Alten und Neuen Testament aufgezeichnet ist. Dazu gehören die verschiedenen

Ausformungen der christlichen Kirche, wo immer sie sich befindet. Die frühen Glaubensbekenntnisse der Christenheit sind daher auch Ausdruck ihres eigenen Glaubens (formuliert in den ökumenischen Konzilien).

Wie die historische Kirche predigt die Kirche des Nazareners das Wort Gottes, verwaltet die Sakramente und führt einen Dienst fort, der mit den Aposteln begonnen hat. Dadurch werden die Regeln christlichen Lebens und Dienstes eingeübt. Zusammen mit Glaubenden überall und zu allen Zeiten antworten Nazarener auf den biblischen Ruf, heilig zu leben und sich ganz Gott zu weihen. Das wird auch „völlige Heiligung" genannt, und Nazarener verkünden freudig, dass sie an diese Lehre glauben.

Die christliche Geschichte hat viele Zweige. Das Erbe der Nazarener stammt aus der protestantischen Reformation und besonders der englischen Reformation des 16. Jahrhunderts. Danach läuft der Abstammungszweig durch die wesleyanische Erweckungsbewegung des 18. Jahrhunderts. Diese Erweckung wurde vor allem durch das Predigen der Brüder John und Charles Wesley ausgelöst und verbreitete sich in ganz England, Schottland, Irland und Wales. Damals wandten sich viele Menschen von der Sünde ab und wurden zu christlichem Dienst bevollmächtigt.

(Zuweilen wird dem Begriff "wesleyanisch" noch "arminianisch" zugefügt. Damit wird auf den niederländischen Theologen Jakob Arminius verwiesen. Er betonte, dass die biblische Botschaft nur richtig verstanden wird, wenn man dem Menschen einen freien Willen zugesteht. Die Kirche des Nazareners unterstützt dies.)

Die wesleyanische Erweckung hat verschiedene traditionelle Praktiken der damaligen Kirche in Frage gestellt und stattdessen zum Beispiel neu eingeführt:

- Laien, also Glaubende, die weder Priester bzw. Pastoren oder Diakone waren, durften predigen.
- In die Gottesdienste wurden persönliche Berichte integriert, die von Gottes Wirken im Leben der einzelnen Glaubenden erzählten.
- Die Glaubenden wurden ermutigt, ein diszipliniertes Leben zu führen und sich in kleinen Gruppen zusammen zu finden, in denen sich die Glaubenden gegenseitig ermutigten.

Zusätzlich wurden die folgenden wichtigen theologischen Wahrheiten unterstrichen:

- Menschen werden aus Gnaden (= geschenkweise) durch den Glauben gerechtfertigt.
- Menschen werden ebenso geschenkweise geheiligt (dafür wird auch der Begriff „christliche Vollkommenheit" benutzt).
- Der Heilige Geist bestätigt den Glaubenden, dass sie diese Gnade empfangen haben.

John Wesleys besonderer Beitrag zur christlichen Geschichte und Theologie ist diese Betonung der völligen Heiligung. Er war davon überzeugt, dass sie ein Geschenk Gottes ist, das Glaubende befähigt, ein authentisches christliches Leben zu führen. Seine Lehre wurde in der ganzen Welt verbreitet, auch in den Vereinigten Staaten von Amerika. In Nordamerika wurde die bischöfliche Methodistenkirche (Methodist Episcopal Church) 1784 organisiert, „um den Kontinent zu reformieren und biblische Heiligung in diesen Ländern zu verbreiten". (Dies geschah nach der amerikanischen Unabhängigkeit; Wesley selbst war zeitlebens Mitglied der britischen Anglikanischen Kirche.)

Im 19. Jahrhundert wurde die Lehre der christlichen Heiligung neu betont und entwickelt. Timothy Merritt veröffentlichte eine Zeitschrift mit dem Titel „Wegweiser zur christlichen Vollkommenheit". Phoebe Palmer leitete wöchentliche Treffen, die Heiligung förderten. Sie wurde eine bekannte Sprecherin, Autorin und Herausgeberin. 1867 hielten Methodistenprediger, besonders John A. Wood und John S. Inskip, sogenannte „camp meetings" (Erweckungsveranstaltungen unter freiem Himmel). Dies waren große Veranstaltungen, zu denen sich Menschen für mehrere Tage trafen, Gottesdienste feierten und oft in Zelten schliefen. Die Prediger konzentrierten sich auf das Thema Heiligung und erinnerten an das wesleyanische Streben, Heiligung in der ganzen Welt zu verbreiten.

Während dieser Zeit entstanden mehrere Gruppen, die die Lehre der Heiligung betonten. Dazu gehörten die Wesleyanischen Methodisten, die Freien Methodisten, die Heilsarmee und einige Gruppen von Mennoniten, Brüdergemeinden und Quäkern.

Evangelisten reisten nach Deutschland, Großbritannien, Skandinavien, Indien und Australien. Als diese Gruppen sich überall verbreiteten, formten sich auch neue Heiligungskirchen, z.B. die Gemeinde Gottes (Anderson, Indiana; in Deutschland mit Zentrum in Fritzlar). Zudem entstanden in dieser Zeit städtische Missionen und Missionsgesellschaften. Es gab keine einzelne Kirche, die für dieses ganze Wachstum verantwortlich war; deshalb nannte man es die „Heiligungsbewegung". Die Kirche des Nazareners entstand aus dem Wunsch, viele dieser Anstrengungen in einer Denomination zu vereinen, die sich auf die Heiligung konzentrierte.

Da die Wurzeln der Kirche des Nazareners sowohl aus der „wesleyanischen Erweckung" als auch der „Heiligungsbewegung" kommen, wird oft der Begriff „wesleyanische Heiligungskirche" benutzt, um die Arbeit zu umschreiben.

Einheit in der Heiligung

Die Kirche des Nazareners entstand aus der Vereinigung von drei Gruppen von Kirchen im Osten und Westen sowie dem Süden der USA. Im Osten war dies die „Association of Pentecostal Churches of America" mit Gemeinden in Providence, Rhode Island (in der Nähe New Yorks; 1887 gegründet), Lynn, Massachusetts (bei Boston; 1888) sowie Gemeinden bei Brooklyn, New York (1894 und 1895) und Kanada (1902). Gemeinsam begannen sie mit einer Missionsarbeit in Indien (1899) und den Kapverden (1901). So hatte die Vereinigung Gemeinden von Nova Scotia (= dies ist die östlichste Provinz

Kanadas) bis Iowa. 1892 wurde Anna S. Hanscome als erste Frau zur Pastorin in der späteren Kirche des Nazareners ordiniert.

Im Süden schlossen sich Gemeinden 1904 zur „Holiness Church of Christ" zusammen. Sie kamen aus Milan, Tennessee (1894), Van Alstyne, Texas (1901). Bis 1908 waren dies Gemeinden von Georgia bis New Mexico sowie Missionsarbeiten in Indien und Japan.

Im Westen gründeten Phineas Bresee und Joseph P. Widney 1895 die "Church of the Nazarene" (= Kirche des Nazareners) in Los Angeles. Sie waren überzeugt, dass durch den Glauben geheiligte Christen Christi Beispiel folgen und die Gute Nachricht den Armen predigen sollten. Darum setzten sie Zeit und Geld für Christus ähnliche Dienste ein, die sich um die Rettung von Menschen und die Hilfe für Notleidende kümmerten. Die Kirche des Nazareners verbreitete sich vor allem an der Westküste der USA mit einigen Gemeindearbeiten, die bis nach Illinois reichten. Zudem unterstützten sie eine einheimische Mission in Kalkutta, Indien.

Im Oktober 1907 trafen sich Repräsentanten der "Association of Pentecostal Churches of America" und der "Church of the Nazarene" in Chicago, Illinois. Sie arbeiteten daran, eine neue Kirche zu gründen, die zwei unterschiedliche Arten von Kirchenverwaltung vereinte, nämlich eine bischöfliche (= von Superintendenten geleitet) und eine kongregationalistische (= von den Gemeinden geleitet). Die neue Kirche sollte zwar

Superintendenten haben, die sich um neu gegründete Gemeinden kümmerten und neue organisierten. Sie sollten jedoch nicht in die unabhängigen Maßnahmen einer voll organisierten Gemeinde eingreifen. Delegierte der "Holiness Church of Christ" nahmen an dem Treffen teil. Dieser erste Weltkirchentag (= General Assembly) hat aus beiden Organisationen einen neuen Namen angenommen, die „Pentecostal Church of the Nazarene". „Pentecostal" (= pfingstlich) und „holiness" (= Heiligung) wurden damals als identische Begriffe verwendet. Bresee und Reynolds wurden als die ersten Generalsuperintendenten gewählt.

Schließlich fand am 13. Oktober 1908 der zweite Weltkirchentag in Pilot Point, Texas (nördlich von Dallas) statt. Daran nahm auch der stimmberechtigte Rat der „Holiness Church of Christ" teil. Beide Kirchen vereinigten sich auf diesem Treffen.

Die „Pentecostal Mission" in Nashville, Tennessee (1898) brachte Anhänger der Heiligungsbewegung aus der ganzen Gegend zusammen, zudem eine Arbeit in Kuba, Guatemala, Mexiko und Indien. George Sharpe begann 1906 eine Gemeinde in Glasgow, Schottland, und 1909 die „Pentecostal Church of Scotland". Beide Gruppen schlossen sich 1915 mit der "Church of the Nazarene" zusammen.

1919, am fünften Weltkirchentag, änderte die junge Denomination ihren Namen in „Church of the Nazarene". Das Wort „pentecostal" (= pfingstlich) bedeutete inzwischen nicht mehr „Lehre der Heiligung" wie noch am Ende des vorhergehenden Jahrhunderts. Die junge Denomination blieb aber ihrer ursprünglichen Aufgabe treu, die Botschaft der vollen Rettung zu verkünden.

Schon 1928 wurde die Kirche des Nazareners gebeten, in Deutschland eine Arbeit zu beginnen. Dieser Bitte konnte jedoch wegen der Weltwirtschaftskrise nicht nachgekommen werden. 1958, zum offiziellen 50-jährigen Jubiläum, entsandte die Kirche dann Jerald D. Johnson und seine Frau Alice nach Deutschland. Alice Johnson hatte deutsche Vorfahren; sie begannen ihre Arbeit in Frankfurt am Main und verkündeten sowohl amerikanischen Militärangehörigen als auch Deutschen die Gute Nachricht.

Weltkirchentag, Pilot Point, Texas, USA, 13. Oktober 1908

Dabei half ihnen kurze Zeit später auch Richard Zanner. Er war aus Deutschland nach Südafrika ausgewandert und wurde dort zum Pastor ausgebildet. Auf einem Besuch in der alten Heimat bat ihn Jerald Johnson, ihm beim Aufbau der Kirche zu helfen. Nach dem Abschied von Jerald Johnson übernahm Richard Zanner die Verantwortung als Superintendent. Unter seiner Leitung wuchs die kirchliche Arbeit rasch, so dass er bei seiner Berufung zum Regionaldirektor für Afrika eine stabile missionarisch gesinnte Kirche hinterließ. Als Glied der Evangelischen Allianz und Mitglied der Vereinigung Evangelischer Freikirchen ist die Arbeit heute voll im deutschen evangelikalen Kirchenbereich integriert.

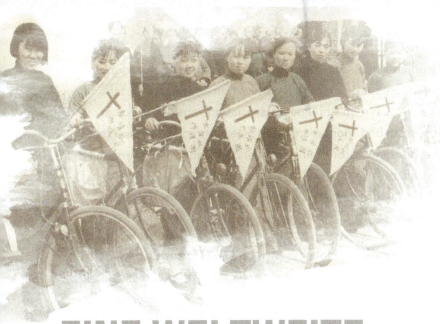

EINE WELTWEITE KIRCHE

Die Kirche des Nazareners ist weltweit organisiert. Diese weltweite Natur wurde schon durch die Kirchen bestimmt, die sich 1908 und 1915 vereinten. Damals gab es bereits Gemeinden der Kirche des Nazareners in Argentinien, China, Großbritannien, Guatemala, Indien, Japan, Kanada, Kapverden, Kuba, Mexiko, Peru, Swasiland und den Vereinigten Staaten. Bis 1930 breitete sich die Arbeit nach Barbados, Mosambik, Palästina, Südafrika, Syrien und Trinidad aus. Örtliche Leiter haben diesen Prozess maßgeblich mitbestimmt. Dazu gehörten Bezirkssuperintendenten wie V. G. Santin (Mexiko), Hiroshi Kitagawa (Japan) und Samuel Bhujbal (Indien).

Natürlich wuchs der internationale Charakter auch dadurch, dass andere Gruppen sich der Denomination anschlossen - schon 1922 die „Layman's Holiness Association" aus den Dakotas, Minnesota und Montana. In den 30er Jahren folgte ein Netz koreanischer Pastoren und Gemeinden, dann 1945 Gemeinden in Australien. Alfredo del Rosso führte italienische Gemeinden 1948 in die Denomination und 1950 andere in Südafrika.

Die „International Holiness Mission" (1907) aus England mit einer weitreichenden Arbeit im südlichen Afrika schloss sich 1952 mit ihren Gemeinden in England und Afrika unter der Leitung von J. B. Maclagan den Nazarenern an. 1995 schlossen Maynard James und Jack Ford sich mit den Gemeinden der „Calvary Holiness Church" in Großbritannien (1934) den Nazarenern an. Die „Gospel Workers Church" in Ontario, Kanada (1918) folgten 1958 und die „Indigenous Church of the Nazarene" in Nigeria (1940) im Jahr 1988.

Als die Kirche des Nazareners stärker wuchs, etablierte sie sich auch immer mehr als eine internationale Denomination. Deshalb entwickelten die Nazarener bewusst ein Kirchenmodell, das sich von den meisten protestantischen Kirchen unterscheidet. 1976 hat eine Kommission die Zukunft der Kirche untersucht. 1980 gab sie einen Bericht zum Weltkirchentag ab und empfahl, bewusst eine Politik der Internationalisierung zu verfolgen, die auf zwei Prinzipien gründen sollte:

Zum einen bestehen Gemeinden und Bezirke der Kirche des Nazareners aus einer „weltweiten Gemeinschaft von Glaubenden, in der sie sich innerhalb ihres jeweiligen kulturellen Kontextes voll annehmen".

Zum andern hält die Kirche des Nazareners gemeinsam fest an „ihrer besonderen Mission, biblische Heiligung als Schlüsselelement unverhandelbarer Grundlagen zu betonen, die die Identität der Nazarener darstellen".

Der Weltkirchentag 1980 machte sich die „internationale theologische Einheitlichkeit" zu eigen, die auf den Glaubensartikeln aufbaut. Zudem bestätigte er, wie wichtig die theologische Ausbildung aller Pastoren und eine ausreichende Unterstützung der theologischen Ausbildungsstätten in der ganzen Welt sind. Er rief die Nazarener auch zu der Reife auf, die für eine internationale Gemeinschaft notwendig ist, die sich auf die Heiligung konzentriert. Die alte, koloniale Mentalität müsse überwunden werden, die Menschen und Völker in zwei Gruppen aufteilt, „Starke und Schwache, Geber und Empfänger". Dieses Modell wurde ersetzt durch „eines, das die Welt in völlig neuer Weise betrachtet, nämlich einer, die die Stärke und Gleichberechtigung aller Partner sieht".

Seither ist die Kirche des Nazareners stark gewachsen. Im Jahre 1998 lebte die Hälfte der Nazarener nicht mehr in den USA oder Kanada. Und zwei von jeweils fünf Delegierten am Weltkirchentag sprachen Englisch als Zweitsprache oder gar nicht. Im Jahr 2009 wurde mit Eugenio Duarte von den Kapverden ein Afrikaner zum Generalsuperintendenten gewählt.

Erkennungsmerkmale eines internationalen Dienstes

Geschichtlich gesehen haben sich Nazarener auf Evangelisation, Sozialarbeit und Ausbildung konzentriert. Sie gediehen aufgrund der Zusammenarbeit von interkulturellen Missionaren und Tausenden von einheimischen Pastoren und Laienmitarbeitern. Diese Mitarbeiter haben wesleyanische Prinzipien in ihrer jeweiligen Kultur verinnerlicht.

Hiram F. Reynolds hat das Konzept der Weltmission aufgestellt, dass Nazarener in anderen Kulturen arbeiten, um die Gute Nachricht zu verbreiten. Während seiner 25 Jahre als Generalsuperintendent war er der Advokat für Mission und hat dazu beigetragen, dass die Missionsarbeit zur Priorität der Kirche wurde. Seit 1915 wirkt „Nazarene Missions International" in Gemeinden in aller Welt, sammelt Geld für missionarische Aktivitäten, fördert das Geben und lehrt darüber in der Kirche.

Die ersten Nazarener waren Leute mit einem Herzen voll Liebe. Sie haben Gottes Gnade bezeugt, indem sie Hilfe für Hungernde in Indien zusammentrugen, Waisenhäuser und Entbindungsheime für ledige Mütter errichteten sowie Missionen für Großstädte aufbauten, die sich um (Drogen- oder Alkohol-) Abhängige und Obdachlose kümmerten. Nach 1920 konzentrierte sich die kirchliche Sozialarbeit auf medizinische Aktivitäten. Die Kirche baute Hospitäler in China, Swasiland und später in Indien und Papua-Neuguinea. Medizinische Spezialisten der Kirche sorgten für Kranke, vollzogen Operationen, bildeten Krankenpfleger aus und unterstützten mobile Kliniken unter den Ärmsten der Welt. Zudem wurden auch Spezialeinrichtungen errichtet wie eine Lepraklinik in Afrika.

1984 gründete die Kirche „Nazarene Compassionate Ministries" (für Katastrophen- und Entwicklungshilfe – in Deutschland Helping Hands e.V.). Dadurch öffnete sich die Tür für viele andere soziale Dienste, die auch heute noch bestehen. Unter anderen gehören dazu Patenschaften für Kinder, Katastrophenhilfe, Kampagnen gegen HIV/AIDS, Hilfe für Waisen, Wasserprojekte und Lebensmittelverteilungen (sowie Dorfentwicklungs- und andere Programme, die Menschen ein selbstverantwortliches Leben ermöglichen).

Sonntagsschulen (Gemeindebibelunterricht für alle Altersgruppen) und Hauskreise sind schon immer Teil des Lebens einer Nazarenergemeinde gewesen. Sie spielen eine wichtige Rolle, um Menschen dabei zu unterstützen, christusähnliche Nachfolger zu werden. Von Anfang an hat die Kirche auch in grundlegende Ausbildung und Programme zum Lesen und Schreiben investiert. Das früheste Beispiel ist die „Hope School for Girls" in Kalkutta, die seit 1905 Mädchen ausbildete. Nazarenerschulen bereiten in aller Welt Studenten darauf vor, sich an allen Aspekten des sozialen, wirtschaftlichen und religiösen Lebens zu beteiligen. In den USA hatten bzw. haben noch die meisten Nazareneruniversitäten auch Grund- und höhere Schulen angeschlossen.

Die Gründer der Kirche des Nazareners haben besonders in weiterführende Ausbildung investiert. Sie waren überzeugt, dass dies für Pastoren und Mitarbeiter wichtig sei. Natürlich ist es auch für Laien notwendig. Das „International Board of Education" (= Internationaler Rat für Hochschulwesen) betreut alle Ausbildungsstätten der Nazarener in der Welt. Dazu gehören alle Hochschulen und Universitäten in Afrika, Brasilien, Kanada, der Karibik, Korea und den Vereinigten Staaten. Es bestehen Schulen für Krankenpfleger in Indien und Papua-Neuguinea, dazu theologische Ausbildungsstätten und Hochschulen in allen Weltregionen (Afrika, Asien-Pazifik, Eurasien, Mesoamerika (= Karibik und Zentralamerika), Südamerika und USA-Kanada) sowie weiterführende Hochschulen für Theologie in Australien, Costa Rica, England, den Philippinen und den USA.

Die Kirche des Nazareners ist von einer Kirche in einigen wenigen Weltgegenden zu einer weltweiten Gemeinschaft von Glaubenden herangewachsen. Auf dem Fundament der wesleyanischen Tradition beschreibt die Kirche sich als „christlich, der Heiligung verpflichtet und missional" (siehe auch die zentralen Werte der Kirche). Nazarener machen sich die Missionsverpflichtung der Kirche zu eigen, „in allen Nationen christusähnliche Jünger zu machen"

DIE KIRCHE DES NAZARENERS HAT DEN AUFTRAG, IN ALLEN NATIONEN MENSCHEN ZU CHRISTUSÄHNLICHEN JÜNGERN ZU MACHEN.

UNSERE GRUNDWERTE

1. Wir sind eine christliche Kirche

Als Teil der weltweiten Kirche von Jesus Christus glauben wir an den dreieinigen Gott, wie er in den Glaubensbekenntnissen der christlichen Kirche beschrieben ist und verkündigen mit allen wahren Glaubenden die Herrschaft seines Sohnes Jesus Christus. Wir schätzen unser wesleyanisches Erbe, das die Heiligung betont und sehen es als einen Weg, den Glauben zu verstehen. Ein Weg, welcher der Schrift, der Vernunft, der Tradition und der Erfahrung gerecht wird.

Zusammen mit allen Glaubenden bezeugen wir: Christus ist Herr! Wir glauben: Gott bietet in seiner Liebe allen Menschen Vergebung der Sünden und eine wiederhergestellte Beziehung zu ihm an. Nachdem wir mit Gott versöhnt sind, sollen wir auch miteinander versöhnt werden; einander lieben, wie wir von Gott geliebt wurden, einander vergeben, wie uns von Gott vergeben wurde. Wir glauben: Unser Leben miteinander soll den Charakter Christi darstellen. Wir berufen uns auf die Schrift als hauptsächliche Quelle geistlicher Wahrheit, die durch Vernunft, Tradition und Erfahrung bestätigt wird.

> ZUSAMMEN MIT ALLEN GLAUBENDEN BEZEUGEN WIR: CHRISTUS IST HERR!

2. Wir sind eine Heiligungs - Kirche

Der heilige Gott ruft uns zu einem Leben in der Heiligung. Wir glauben, dass der Heilige Geist in uns ein zweites Werk der Gnade schenken will. Es ist unter verschiedenen Begriffen bekannt, wie z.B. „völlige Heiligung" und „Taufe mit dem Heiligen Geist", bzw. „Erfüllt sein vom Heiligen Geist". Der Heilige Geist reinigt uns von aller Sünde, gestaltet uns in das Ebenbild Gottes um, gibt uns die Kraft, Gott von ganzem Herzen, Gemüt, Verstand und von ganzer Kraft zu lieben und unseren Nächsten wie uns selbst, und er bringt in uns den Charakter Christi hervor. Deshalb bedeutet Heiligung im Leben eines Glaubenden vor allem Christusähnlichkeit.

DER HEILIGE GEIST STELLT IN UNS DAS EBENBILD GOTTES WIEDER HER UND BRINGT IN UNS DEN CHARAKTER CHRISTI HERVOR.

Wir sind durch die Schrift berufen und durch die Gnade angespornt, Gott anzubeten und ihn zu lieben - mit unserem ganzen Herzen, Gemüt, Verstand und mit ganzer Kraft und unseren Nächsten wie uns selbst. Für dieses Ziel weihen wir uns Gott voll und ganz. Wir sind davon überzeugt, dass wir in einer zweiten Krisenerfahrung „völlig geheiligt" werden können. Wir glauben, dass der Heilige Geist uns überführt, reinigt, füllt und mit Kraft ausstattet, während die Gnade Gottes uns Tag für Tag umwandelt - in ein Volk der Liebe und geistlichen Disziplin, ein Volk ethischer und moralischer Reinheit, Barmherzigkeit und Gerechtigkeit. Der Heilige Geist stellt in uns das Ebenbild Gottes wieder her und bringt in uns den Charakter Christi hervor.

Wir glauben an Gott den Vater, den Schöpfer, der ins Leben ruft, was nicht existiert. Gott rief den Menschen ins Dasein, schuf ihn für sich und bildete ihn nach seinem eigenen Bildnis. Wir sind dazu beauftragt, das Bild Gottes widerzuspiegeln: „Denn ich, der Herr, bin euer Gott; darum sollt ihr euch heiligen und sollt heilig sein; denn ich bin heilig." (3. Mose 11, 44 - Schlachter).

3. Wir sind eine missionale Kirche

Wir sind ein „Volk von Gesandten". Wir antworten auf die Berufung durch Christus. Der Heilige Geist gibt uns die Kraft, in die ganze Welt zu gehen. Dort bezeugen wir: „Christus ist der Herr", und wir arbeiten zusammen mit Gott daran, seine Gemeinde zu bauen und sein Reich auszubreiten (2. Korinther 6, 1). Der Dienst, zu dem wir berufen sind, (a) beginnt mit Gottes-Dienst, (b) dient der Welt durch Evangelisation und praktische Liebe, (c) ermutigt Glaubende, als Jünger zu reifen und (d) rüstet Frauen und Männer durch christliche Ausbildung für den christlichen Dienst aus.

A. Unsere Mission: Gottes-Dienst

Die Mission der Kirche in der Welt beginnt mit Gottesdienst. Während wir vor Gott im Gottesdienst versammelt sind - wir singen, hören das gelesene Wort (die Bibel), geben unsere Zehnten und Opfer, beten, hören das gepredigte Wort, taufen und nehmen am Mahl des Herrn teil - erkennen wir am klarsten, was es bedeutet, das Volk Gottes zu sein. Wir glauben, dass Gott sein Werk in der Welt hauptsächlich durch dienende Gemeinden vollbringt.

IM GOTTESDIENST DRÜCKEN WIR UNSERE LIEBE ZU GOTT AM BESTEN AUS.

Das bedeutet, dass unsere Mission mit einschließt, neue Glieder in die Gemeinschaft der Kirche aufzunehmen und neue dienende Gemeinden zu gründen.

Im Gottesdienst drücken wir unsere Liebe zu Gott am besten aus. Wir konzentrieren unsere Bewunderung auf Gott, indem wir den Einen ehren, der uns in Gnade und Erbarmen erlöst. Der Dienst ist hauptsächlich in die örtliche Gemeinde eingebunden, wo Gottes Leute sich versammeln - nicht um sich selbst in den Mittelpunkt zu stellen oder das eigene Ich zu verherrlichen, sondern um sich hinzugeben und aufzuopfern. Im Gottesdienst dient die Kirche Gott in Liebe und Gehorsam.

B. Unsere Mission: Diakonie und Evangelisation

Als Leute, die Gott geweiht sind, teilen wir seine Liebe zu den Verlorenen und sein Erbarmen für die Armen und Leidenden. Der Missionsbefehl ist der wichtigste Auftrag und bewegt uns dazu, die Welt in Evangelisation, Barmherzigkeit und Gerechtigkeit zu gewinnen. Deshalb laden wir Menschen hingebungsvoll zum Glauben ein, sorgen für Notleidende, erheben uns gegen Ungerechtigkeit und für die Unterdrückten, arbeiten daran, die Reichtümer von Gottes Schöpfung zu schützen und zu bewahren und schließen alle in unsere Gemein-schaft ein, die den Namen des Herrn anrufen.

Durch ihre Berufung zur Weltmission zeigt die Kirche die Liebe Gottes. Die Geschichte der Bibel ist die Geschichte Gottes, der die Welt durch Jesus Christus mit sich selbst versöhnt (2. Korinther 5, 16-21). Die Kirche ist in die Welt gesandt, um mit

Gott an diesem Dienst teilzuhaben. Es ist ein Dienst der Liebe und Versöhnung, die uns zu Evangelisation, Barmherzigkeit und Gerechtigkeit beruft.

C. Unsere Mission: Jüngerschaft

Wir wollen überzeugte Jünger sein - und andere dazu einzuladen, Jünger zu werden. Deshalb setzen wir alles daran, für die Mittel (Sonntagsschul-, Bibelstudien-, verbindliche Kleingruppen usw.) zu sorgen, durch die Glaubende ermutigt werden, in ihrem Verständnis des christlichen Glaubens und in ihrer Gemeinschaft untereinander und mit Gott zu wachsen. Zur Jüngerschaft, wie wir sie verstehen, gehört es, sich selbst Gott hinzugeben, und den Regeln des Glaubens zu gehorchen. Wir glauben, dass wir einander helfen sollen, ein heiliges Leben zu führen, indem wir uns gegenseitig unterstützen und christliche Gemeinschaft und verbindliche Liebe pflegen. Wesley sagte: „Gott hat uns einander gegeben, um uns gegenseitig die Hände zu stärken."

DURCH JÜNGERSCHAFT FÜHRT DER HEILIGE GEIST UNS IMMER WEITER ZU CHRISTLICHER REIFE.

Christliche Jüngerschaft ist ein Lebensstil. Wir lernen dabei, in der Welt so zu leben, wie Gott es will. Daher streben wir danach, dem Wort Gottes zu gehorchen, uns den Regeln des Glaubens unterzuordnen und verbindlich miteinander zu leben. Während wir das lernen, verstehen wir immer besser, wie froh geistliche Disziplin und christliche Freiheit machen. Jüngerschaft ist nicht einfach menschliche Anstrengung, sich Regeln und Vorschriften unterzuordnen. Durch sie führt der Heilige Geist uns vielmehr immer weiter zu christlicher Reife. Durch Jüngerschaft werden wir Menschen mit christlichem Charakter. Schlussendlich zielt Jüngerschaft darauf, uns in das Ebenbild Jesu Christi zu verwandeln (2. Korinther 3, 18).

D. Unsere Mission: Ausbildung

Wir arbeiten überzeugt daran, dass Männer und Frauen für ihr Leben im christlichen Dienst ausgerüstet werden. In unseren Seminaren, Bibelschulen, Hochschulen und Universitäten wollen wir Wissen vermitteln, in den Studenten christlichen Charakter entwickeln und sie zu Leitern ausrüsten, damit sie ihre gottgegebene Berufung des Dienens in der Kirche und in der Welt erfüllen können.

Christliche Hochschulausbildung ist für die Kirche des Nazareners ein zentraler Teil ihrer Mission. In den ersten Jahren der Kirche des Nazareners wurden Institute der christlichen Hochschulausbildung eingerichtet. Sie sollten Männer und Frauen Gottes für den christlichen Leitungsdienst vorbereiten, die dann zur weltweiten Ausbreitung der wesleyanischen Heiligungsbewegung beitragen. Auch danach haben wir uns stetig für die christliche Hochschulausbildung eingesetzt und so durch die Jahre ein weltweites Netz von Seminaren, Bibelschulen, Hochschulen und Universitäten aufgebaut.

KOMMT UND JAUCHZT VOR DEM HERRN, WIR BEGRÜSSEN IHN MIT FREUDENGESCHREI; DENN ER IST UNSER STARKER HELFER, DER HERR JESUS CHRISTUS!

EINE BESONDERE MISSION

Die Kirche des Nazareners ist eine weltweite Glaubensgemeinschaft und deshalb dem Missionsauftrag Jesu verpflichtet (Matthäus 28,19-20). Sie vermittelt demnach Menschen überall die Gute Nachricht, dass Jesus Christus neues Leben schenkt. Und sie verbreitet in der ganzen Welt die Botschaft einer biblischen Heiligung, nämlich Christus ähnlich zu leben.

oder gleich?

Die Kirche des Nazareners bindet Einzelne zusammen, für die Jesus Christus Herr ihres Lebens ist. Sie kommt zu christlicher

Gemeinschaft zusammen und will einander im Glauben stärken durch gemeinsamen Gottesdienst, Predigen, Ausbildung und Dienst am Andern.

Neben dieser Verpflichtung, Christus ähnlich zu leben, ist sie bestrebt, die Liebe und Barmherzigkeit Jesu Christi allen zu zeigen.

Der Hauptzweck der Kirche ist, Gott zu verherrlichen. Das schließt eine aktive Teilnahme an seiner Mission ein, nämlich die Welt mit ihm zu versöhnen.

Das beinhaltet alle historischen Prinzipien ihrer Mission: Evangelisation, Heiligung, Nachfolge und barmherzige Liebe. All das kann man in dem Satz zusammenfassen: Christus ähnlich sein ist das Wesen der Heiligung.

Nazarener werden zu Menschen, die „gesandt" sind. Gesandt in das Zuhause, in Arbeitsplätze, Gemeinden und Dörfer, Städte und Länder. Darum schickt die Kirche inzwischen Missionare von allen Weltregionen aus.

Gott beruft immer noch gewöhnliche Leute, um Außergewöhnliches zu tun; das wird durch die Person des Heiligen Geistes ermöglicht.

HAUPTMERKMALE DER NAZARENER

Auf dem Weltkirchentag 2013 hat der Vorstand der Generalsuperintendenten sieben Merkmale der Kirche des Nazareners vorgestellt:

1. Bedeutungsvoller Gottesdienst
2. Theologische Einheitlichkeit
3. Hingebungsvolle Evangelisation
4. Bewusste Jüngerschaft

5. Gemeindeentwicklung (-wachstum)
6. Transformierende Leitung
7. Gezielte Nächstenliebe

Diese Begriffe ersetzen weder den Auftrag, „in allen Nationen Menschen zu christusähnlichen Jüngern zu machen", noch die Grundwerte, „Christus, dem Herrn, folgen, ein heiliges Leben führen und zum Dienst berufen sein". Vielmehr beschreiben sie, was jede Kirche des Nazareners und jeden Nazarener charakterisieren sollte. Deshalb werden Gemeindeleiter und alle Nazarener gedrängt, zukünftig diese Merkmale zu betonen und darzustellen. Wie können diese Merkmale im Lauf der Zeit in der weltweiten Kirche verwirklicht werden?

1. Bedeutungsvoller Gottesdienst

ZUM GOTTESDIENST BERUFEN

Kommt und jauchzt vor dem Herrn, wir
begrüßen ihn mit Freudengeschrei;
Denn er ist unser starker Helfer! Wir treten
vor ihn mit unserem Dank,
wir ehren ihn mit unseren Liedern! Denn der Herr
ist der höchste Gott,
der große König über alle Götter: In seiner
Gewalt sind die Tiefen der Erde
und ihm gehören die Gipfel der Berge. Das Meer
gehört ihm – er hat es gemacht,
und auch das Land – er hat es geformt.
Kommt, verneigt euch, werft euch nieder,
geht auf die Knie und betet ihn an, ihn,
den Herrn, unseren Schöpfer!
Denn er ist unser Gott und wir sind sein Volk,
er sorgt für uns wie ein Hirt, er leitet uns wie eine Herde.
Psalm 95,1-7a (GN, 1997)

Gott anbeten bedeutet, ihn als den Felsen unserer Rettung anerkennen, den großen Gott, den großen König über alle Götter, den Schöpfer von allem und den Hirten, der für sein Volk sorgt.

A. Die Jünger Jesu lebten in seiner Gegenwart und dienten anderen; das geschah als Ergebnis ihrer Beziehung zu ihm.

- Jesus sandte seine Jünger in die Welt, um Anderen zu dienen (Matthäus 10).
- Er sagte ihnen später, dass sie mit dem Heiligen Geist erfüllt werden müssen. Sie warteten in einem Obergeschoss, und der Heilige Geist kam, wie Jesus es versprochen hatte (Apostelgeschichte 2).
- Indem die Jünger ihren Dienst in der Welt begannen, wurden sie Gottes Botschafter.
- Zusammen mit ihrem Dienst der Versöhnung brachten sie auch eine Botschaft der Versöhnung (2. Korinther 5,11-21).
- Paulus hat das am besten zusammengefasst: „Uns Aposteln hat Christus den Auftrag und die Vollmacht gegeben, diese Botschaft überall bekannt zu machen. Ja, Gott selbst ist es, der durch uns die Menschen ruft. So bitten wir im Auftrag von Christus: ‚Bleibt nicht Gottes Feinde! Nehmt die Versöhnung an, die Gott euch anbietet!' Gott hat Christus, der ohne Sünde war, an unserer Stelle als Sünder verurteilt, damit wir durch ihn vor Gott als gerecht bestehen können" (2. Korinther 5,20-21).

B. Jesus hat seine Nachfolger mit dem Missionsbefehl herausgefordert.

- „Darum geht nun zu allen Völkern der Welt und macht die Menschen zu meinen Jüngern. Tauft sie im Namen des Vaters und des Sohnes und des Heiligen Geistes, und

lehrt sie, alles zu befolgen, was ich euch aufgetragen habe. Und das sollt ihr wissen: Ich bin immer bei euch, jeden Tag, bis zum Ende der Welt" (Matthäus 28,19-20).
- Die ersten Christen haben angefangen, diesen Auftrag an die Welt auszuführen. Das geschah nach einem Gottesdienst in Antiochia, der wirkliche Tragweite besaß. (Apostelgeschichte 13,1-4)

> DIE ERSTEN CHRISTEN HABEN ANGEFANGEN, DIESEN AUFTRAG AN DIE WELT AUSZUFÜHREN. DAS GESCHAH NACH EINEM GOTTESDIENST IN ANTIOCHIA, DER WIRKLICHE TRAGWEITE BESASS. (APOSTELGESCHICHTE 13,1-4)

C. Tiefgreifende Gottesdienste, die Gott anbeten, finden dann statt, wenn die Disziplinen des Geistes eingeübt werden, wie zum Beispiel Fasten und Beten.
- Der Heilige Geist sandte sie aus, andere zum Glauben zu führen.
- Das geschah im Zusammenhang mit einem Gottesdienst und Anbetung.
- Anbetung inspiriert und gibt der Macht Gottes im Leben freien Raum.
- Anbetende Gottesdienste richten das Leben auf Christus aus. Diese geistliche Disziplin ist für alle Glaubenden

> *Glaubende werden in das Ebenbild Jesu umgestaltet*

wichtig, weil Gott sie dadurch in das Ebenbild Jesu umgestaltet.
- Persönliche und gemeindliche Anbetung müssen konsequent praktiziert werden.

D. Bedeutungsvolle Anbetung gibt Gott im Gemeindegottesdienst Raum, in seiner Weise zu handeln.
- Die Frühe Kirche hat ihre Arbeit nicht durch Komitees und Seminare durchgeführt.
- Sie kamen vielmehr regelmäßig zu Gemeindegottesdiensten zusammen und waren offen für Gottes freies Wirken unter ihnen.
- Christen müssen bereit sein, ihre Tagesordnung aufzugeben und Gott zu erlauben, seine Tagesordnung durchzuführen.
- Bedeutungsvolle Anbetung gibt Gott Raum, frei zu wirken, ja, erwartet dies von ihm.
- Christen erlauben Gott, sich zu offenbaren und Menschen seiner Art gemäß und nach seinem Plan zu überzeugen, zu bewegen, anzurühren, zu retten und zu heiligen.
- Christen sollten zu jedem Gottesdienst in der Erwartung gehen, dass Gott ihnen begegnet und unter ihnen wirkt.
- Sie sollten erwarten, dass Gott sich offensichtlich zeigt und tut, was nur er tun kann, während sie ihn Woche um Woche anbeten. Sie sollten nie zufrieden sein, wenn alles einfach seinen normalen Gang geht.
- Gottes Kinder sollten wöchentlich zusammenkommen, damit sie vom Geist Gottes mächtig ergriffen werden können.

- Nichts kann ersetzen, dass Gottes göttlicher Geist den menschlichen Geist anspornt.
- Das geschieht am besten, wenn man Gott gemeinsam anbetet.

2. Theologische Einheitlichkeit

A. Die Stimme der Nazarener muss man in der christlichen Kirche hören.
- Dadurch wird deutlich, wer sie theologisch sind.
- Ihre Theologie bekräftigen sie nicht nur, sie motiviert sie auch zum Handeln und dazu, ihren Glauben im Alltag umzusetzen.

B. Die Quelle für die theologische Einheitlichkeit der Nazarener findet sich ...
- In der Schrift: Nazarener halten die Heilige Schrift für grundlegend und lebensnotwendig, um ihre Identität in Christus zu formen.
- In der christlichen Tradition: Nazarener freuen sich über die 2.000-jährige Geschichte rechtgläubiger Lehre, übermittelt durch verschiedene christliche Traditionen.

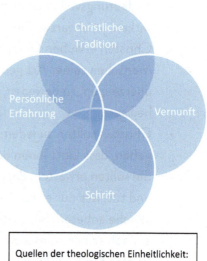

Quellen der theologischen Einheitlichkeit:

- In der Vernunft: Nazarener sind überzeugt, dass Gottes Geist auch durch ihren Verstand arbeitet und ihnen einen Geist schenkt, der unterscheiden kann.
- In der persönlichen Erfahrung: Nazarener sind überzeugt, dass Gott im und durch das Leben derer arbeitet, die Christus nachfolgen.

C. Diese Glaubensüberzeugungen geben Nazarenern theologische Einheitlichkeit.

- Sie sind Christen
  i. Sie bekräftigen, dass sie an den Dreieinigen Gott glauben, den Vater, den Sohn und den Heiligen Geist.
  ii. Sie bekräftigen, dass sie an Jesus Christus glauben, den Sohn Gottes.
  iii. Sie bekräftigen, dass Christus die zweite Person der Dreieinigkeit ist.
  iv. Sie halten an den allgemeinen Glaubensbekenntnissen und Traditionen der christlichen Kirche fest.
  v. (Gemeint sind die Bekenntnisse der sog. ökumenischen Konzilien der frühen Kirche, die von allen Christen anerkannt werden, und die allgemein anerkannten Bekenntnisse der Reformation.)

- Sie sind Protestanten.
  i. Sie glauben an die Rechtfertigung aus Gnade durch Glauben, der allein rettet.
  ii. Für sie hat die Autorität der Schrift eine hohe Bedeutung.

    iii.   Sie glauben an die „Priesterschaft aller Glaubenden".
    iv.   Sie bekräftigen, dass die Predigt im Gottesdienst eine zentrale Rolle hat, und stellen deshalb die Kanzel in die Mitte des Podiums.
    v.   Sie glauben, dass der Heilige Geist seine Gaben allen Gläubigen gegeben hat.

- Sie sind evangelikal.
    i. Sie glauben, dass es möglich und nötig ist, mit Jesus Christus eine persönliche Beziehung zu haben – indem die Sünden vergeben werden und der Charakter in das Ebenbild Christi verwandelt wird.
    ii. Sie glauben, dass der Glaube dadurch bestätigt wird, dass Menschen ein verändertes Leben führen.

- Sie sind Wesleyaner.
    i. Sie glauben, dass die gesamte Theologie auf der grundlegenden Natur Gottes aufgebaut ist, nämlich „Gott ist Liebe" (1. Johannes 4,8).
    ii. Sie glauben, dass Menschen ihren freien Willen ausüben, um eine bedeutungsvolle Beziehung mit Gott zu haben.
    iii. Sie glauben, dass Gott den Menschen gegenüber Gnade und Erbarmen einsetzt.
    iv. Sie glauben, dass Gottes vorlaufende Gnade vor den Menschen hergeht, sie abhält, tiefer in Sünde zu fallen, und sie zurück zu Gott zieht.
    v. Sie glauben, dass Gottes suchende, erlösende, rettende, heiligende und ausreichende Gnade in

      Menschen arbeitet, um sie zu seinen Kindern zu machen und ihnen ein siegreiches Leben zu schenken.
- vi. Sie glauben an den Optimismus der Gnade, der in Menschen die Macht der Sünde brechen und sie von Sündern in Gottes Kinder verwandeln will, die Gott bereitwillig und mit einem Herz voller Liebe folgen.
- vii. Sie können in diesem Leben wirklich heilig leben.

- Sie glauben an das Zeugnis des Heiligen Geistes.
  - i. Sie glauben: Menschen können wissen, dass ihre Sünden vergeben sind. Das Blut Jesu Christi bedeckt ihre Sünden fortwährend und gibt ihnen täglich Sieg; das bestätigt Gott ihnen ständig.
  - ii. Sie glauben: Der Geist Gottes leitet Menschen in den täglichen Entscheidungen. Der Geist Gottes kann seine Kinder leiten, indem er ihnen den richtigen Gedanken eingibt oder sie bremst, und ihnen so die Richtung auf ihrem Lebensweg weist.

D. Sie glauben, dass ein heiliges Leben vier wesentliche Merkmale hat:
- Christusähnlichkeit: So werden Menschen täglich durch den Heiligen Geist in das Bild Jesu verwandelt; das geschieht, indem Menschen sich für Gottes Wirken in ihnen zur Verfügung stellen. „Bei euch gibt es doch das ermutigende Wort im Auftrag Christi, es gibt den tröstenden Zuspruch, der aus der Liebe kommt, es gibt den Beistand des Heiligen Geistes, es gibt herzliche Verbundenheit. Dann macht mich vollends glücklich und

habt alle dieselbe Gesinnung, dieselbe Liebe und Eintracht! Verfolgt alle dasselbe Ziel!" (Philipper 2,1.2)

- Lebensstil: Gott sondert Menschen für seine heiligen Ziele in dieser Welt ab. „Ich bitte dich nicht, sie aus der Welt wegzunehmen; aber ich möchte, dass du sie vor dem Bösen in Schutz nimmst. Sie gehören nicht zur Welt, so wie ich nicht zu dieser Welt gehöre. Weihe (heilige) sie durch die Wahrheit zum Dienst. Dein Wort ist diese Wahrheit." (Johannes 17,15-17)
- Versuchung und die Macht zu wählen: Menschen haben die Fähigkeit, sich nicht Abhängigkeiten oder den Vorschlägen des Fleisches oder des Bösen hinzugeben, sondern sie haben von Gott die Macht, ein heiliges Leben zu führen. „Er öffne euch die Augen, damit ihr das Ziel seht, zu dem ihr berufen seid. Er lasse euch erkennen, wie reich er euch beschenken will und zu welcher Herrlichkeit er euch in Gemeinschaft mit seinem ganzen Volk bestimmt hat. Ihr sollt begreifen, wie überwältigend groß die Kraft ist, mit der er in uns, den Glaubenden, wirkt. Denn es ist dieselbe gewaltige Kraft, mit der er in Christus am Werk war, als er ihn vom Tod erweckte und in der himmlischen Welt an seine rechte Seite setzte." (Epheser 1,18-20)
- Frucht des Geistes: Dies ist die vollkommene Liebe Gottes, die sich in Liebe, Freude, Friede, Geduld, Freundlichkeit, Güte, Treue und Selbstkontrolle zeigt. „Die Liebe kennt keine Angst. Wahre Liebe vertreibt die Angst. Wer Angst hat und vor der Strafe zittert, bei dem hat die Liebe ihr Ziel noch nicht erreicht." (1. Johannes 4,18)

E. Nazarener halten sich an die via media, den Mittelweg. Sie versuchen bei vielen Streitpunkten, Extreme zu vermeiden. Dabei konzentrieren sie sich weniger auf einzelne extreme Punkte und versuchen, möglichst einen Ausgleich in der Mitte zu finden.

3. Hingebungsvolle Evangelisation

Hingebungsvolle Evangelisation ist die Reaktion der Nazarener auf Jesu Liebe und Gnade für die Menschheit. Die Kirche hat mit hingebungsvoller, ja, leidenschaftlicher Evangelisation begonnen. Das steht immer noch im Zentrum von allem. In seinem Aufruf zu evangelisieren hat Dr. Phineas Bresee, der erste Generalsuperintendent der Kirche des Nazareners, gesagt: „Wir schulden jedem Menschen die Gute Nachricht in demselben Maß, wie wir sie empfangen haben." Darum konzentrieren sie sich darauf, Menschen zu helfen, in Jesus Christus einen persönlichen, rettenden Glauben zu empfangen.

A. Jesus hat hingebungsvolle Evangelisation vorgelebt:

- „Als Jesus die Menschen sah, bekam er Mitleid mit ihnen, weil sie so hilflos und verängstigt waren wie Schafe, die keinen Hirten haben. Darum sagte er zu seinen Jüngern: ‚Hier ist eine reiche Ernte einzubringen, aber es gibt nicht genügend Arbeiter. Bittet den Herrn, dem die Ernte gehört, dass er Arbeiter schickt, um sie einzubringen.'" (Matthäus 9,36-38)
- Jesus sagte: „Ihr denkt wie das Sprichwort: ‚Zwischen Saat und Ernte liegen vier Monate!' Aber ich sage euch: Seht euch die Felder doch an! Das Korn ist schon reif für die Ernte." (Johannes 4,35)

B. Jesus hat hingebungsvolle Evangelisation angeordnet :
- „Er sagte zu ihnen: ‚Geht nun in die ganze Welt und verkündet allen die Gute Nachricht!'" (Markus 16,15)
- „Hier steht es doch geschrieben", erklärte er ihnen, „Der versprochene Retter muss leiden und sterben und am dritten Tag vom Tod auferstehen. Den Menschen aller Völker muss verkündet werden, dass ihnen um seinetwillen Umkehr zu Gott und Vergebung der Schuld angeboten wird. Und das muss in Jerusalem anfangen." (Lukas 24,46-47)

C. Jesus hat hingebungsvolle Evangelisation ausgelöst :
- „Zuvor wird die Gute Nachricht in der ganzen Welt verkündet werden, damit alle Menschen die Einladung in Gottes neue Welt hören. Dann erst kommt das Ende." (Matthäus 24,14)
- „Der Dieb kommt nur zum Stehlen, Töten und Zerstören. Ich aber bin gekommen, damit meine Schafe das Leben haben, Leben im Überfluss." (Johannes 10,10)

D. Der Heilige Geist bevollmächtigt zu hingebungsvoller Evangelisation :
- Er bevollmächtigt uns als Einzelne und als Gemeinschaft, Heiligung zu leben und zu bezeugen.
- „Aber ihr werdet vom Geist Gottes erfüllt werden. Der wird euch fähig machen, überall als meine Zeugen aufzutreten: in Jerusalem, in ganz Judäa, in Samarien und bis ans äußerste Ende der Erde." (Apostelgeschichte 1,8)

E. Der Heilige Geist bringt hingebungsvolle Evangelisation hervor :
   - Sein Leben ist in uns sichtbar und wirkt.
   - „Der Geist Gottes dagegen lässt als Frucht eine Fülle von Gutem erwachsen, nämlich Liebe, Freude, Frieden, Geduld, Freundlichkeit, Güte, Treue, Nachsicht und Selbstbeherrschung. Wer so lebt, hat das Gesetz nicht gegen sich. Das gilt von allen, die zu Jesus Christus gehören; denn sie haben ihre Selbstsucht mit allen Leidenschaften und Begierden ans Kreuz genagelt. Wenn nun Gottes Geist von uns Besitz ergriffen hat, dann wollen wir auch aus diesem Geist unser Leben führen." (Galater 5,22-25)

F. Hingebungsvolle Evangelisation ruft in Einzelnen und in der Kirche neues Leben und neue Energie hervor.
   - „Wer zu Christus gehört, ist ein neuer Mensch geworden. Was er früher war, ist vorbei; etwas ganz Neues hat begonnen." (2. Korinther 5,17)
   - „Der Herr führte ihnen jeden Tag weitere Menschen zu, die er retten wollte." (Apostelgeschichte 2,47b)

G. Hingebungsvolle Evangelisation bringt den Gehorsam zu Jesus zum Ausdruck:
   - Das Leben des Paulus ist eines der klarsten Zeichen davon, wie die Kraft der Guten Nachricht verändern kann.

- In einem seiner persönlichen Berichte sagt der Apostel: „Ich bin allen verpflichtet: den Menschen mit einer hohen Kultur wie den Unzivilisierten, den Gebildeten und den Unwissenden. Darum liegt mir daran, ... die Gute Nachricht zu verkünden. Zu dieser Guten Nachricht bekenne ich mich offen und ohne Furcht; denn in ihr wirkt Gottes Macht. Sie bringt allen Menschen Rettung, die ihr glauben." (Römer 1,14-16)

H. Das Eingangstor zum Missionsbefehl (Matthäus 28,19-20) ist leidenschaftliche Liebe für Christus; danach folgt das Training und die Zurüstung:
- Das bedeutet, dass jeder Jesus Christus kennen sollte.
- Alle, auch die, die in Techniken oder Methoden nicht so begabt sind, sollten hingebungsvoll und leidenschaftlich antworten und Christus entschieden weitergeben.

I. Hingebungsvolle Evangelisation ermutigt, dem Wort Gottes zu vertrauen und den Drang zu spüren, die Gute Nachricht der Rettung Anderen weiterzugeben:
- Christen studieren die Bibel im Glauben und erzählen dann anderen, was Gottes Wort sagt.
- Die Macht der biblischen Botschaft spricht zu den Herzen von Männern und Frauen, Jungen und Mädchen, die eine erneuerte Beziehung zu Gott brauchen.
- Jesus selbst ist dafür das Vorbild: „Der Menschensohn ist gekommen, um die Verlorenen zu suchen und zu retten" (Lukas 19,10). „Eines Tages lehrte Jesus wieder im Tempel und verkündete dem Volk die Gute Nachricht." (Lukas 20,1)

J. Hingebungsvolle Evangelisation treibt dazu an, Jesus vollständiger kennenzulernen:
- Durch ihren Lebensstil vermitteln Christen, wer sie sind. Ihre Leidenschaft zu leben ist nie größer als ihre Leidenschaft zu evangelisieren. Zu leben bedeutet, evangelisieren zu wollen.
- Sie belegt, was Christen wissen. Wie der Blinde, den Jesus heilte, einfach bestätigte: „Aber eins weiß ich: Ich war blind, und jetzt kann ich sehen." (Johannes 9,25)
- Sie unterstreicht auch, wie dankbar sie für das Vorrecht sein sollten: „Umsonst habt ihr alles bekommen, umsonst sollt ihr es auch weitergeben." (Matthäus 10,8b)

K. Hingebungsvolle Evangelisation motiviert, Menschen zu Jüngern zu machen:
- Im ganzen Leben versuchen Christen, durch ihr Glaubensleben Leute zu beeinflussen, die sie kennen, und Leute, die sie nicht kennen.
- Jeder Nachfolger Christi sollte von seiner Beziehung zu Gott so begeistert sein, dass ein persönliches Zeugnis ganz natürlich in die Gespräche mit Anderen einfließt.

L. Hingebungsvolle Evangelisation inspiriert ihre Kreativität:
- Einige Beispiele von Werkzeugen sind der JESUS-Film, der Evangeball und der Evangecube (Ball bzw. Würfel, um das Evangelium zu erklären).
- Methoden gibt es sehr viele, aber die Botschaft bleibt dieselbe.

- Strategien sind zum Beispiel: Massenevangelisation, Freundschafts- und persönliche Evangelisation, Kleingruppen, Einsätze in der Großstadt und vieles andere.

> **WIR STEHEN IN DER PFLICHT, DAS EVANGELIUM JEDER PERSON IN GLEICHEM MASSE, IN DEM WIR ES EMPFANGEN HABEN, WEITERZUGEBEN.** — PHINEAS BRESEE

4. Bewusste Jüngerschaft

A. Jesus berief die Kirche, bewusst Menschen zu Jüngern zu machen.

- „Darum geht nun zu allen Völkern der Welt und macht die Menschen zu meinen Jüngern! Tauft sie im Namen des Vaters und des Sohnes und des Heiligen Geistes, und lehrt sie, alles zu befolgen, was ich euch aufgetragen habe. Und das sollt ihr wissen: Ich bin immer bei euch, jeden Tag, bis zum Ende der Welt." (Matthäus 28,19-20)
- Die Kirche hat eine bewusste Methode, um Menschen zu christusähnlichen Nachfolgern zu machen.
- Christusähnliche Jünger sind Menschen, die in Christus leben, in Christusähnlichkeit wachsen und tun, was er tut. Sie geben alles auf, lieben Gott und gehorchen ihm von ganzem Herzen, mit ihrem Willen, Verstand und aller Kraft. (Markus 12,30; Johannes 15; Lukas 9)

- Bewusste Jüngerschaft bedeutet auch, Menschen zu helfen, eine enge Beziehung zu Jesus zu entwickeln und ihm zu gehorchen. Durch solche Beziehungen verwandelt der Geist Christi sie mehr in Christus ähnliche Menschen. Die Werte neuer Glaubender werden so in Werte des Königreiches (Gottes) verwandelt. Er beteiligt sie an seiner Mission, ihr Leben in andere Leute zu investieren – in deren Heim, Kirche und Umgebung.

B. Christen beginnen, andere in ein persönliches Verhältnis mit Jesus Christus zu führen.

- Der Glaubensweg beginnt damit, dass jemand seine Sünde bekennt und durch den Glauben an Jesus Christus aus Gnade (geschenkweise) Vergebung erfährt.
- So ein in Christus neues Geschöpf ist wiedergeboren und in Gottes Familie adoptiert.
- Die Wiedergeburt bringt ein verändertes Herz und einen neuen Lebensstil hervor; Christen geben dann Gottes Gnade an ihre Bekannten weiter.
- Diese neuen Glaubenden werden in unserer Glaubensgemeinschaft von Anfang an gepflegt und gelehrt, dass sie nicht nur für sich selbst gerettet wurden, sondern auch für die, die sie beeinflussen und zu Christus führen sollen. Auf diese Weise werden sie zu Menschen, die andere zu Jüngern machen, die wieder andere zu Jüngern machen, die ebenfalls Menschen zu Jüngern machen (2. Timotheus 2,2).
- Jüngerschaft bedeutet, anderen zu helfen, Jesus enger zu folgen.

> BEWUSSTE JÜNGERSCHAFT BEDEUTET, MENSCHEN ZU HELFEN, EINE ENGE BEZIEHUNG ZU JESUS ZU ENTWICKELN UND IHM ZU GEHORCHEN. DURCH SOLCHE BEZIEHUNGEN VERWANDELT DER GEIST CHRISTI SIE MEHR IN CHRISTUS ÄHNLICHE MENSCHEN. DIE WERTE NEUER GLAUBENDER WERDEN SO IN WERTE DES KÖNIGREICHES (GOTTES) VERWANDELT. ER BETEILIGT SIE AN SEINER MISSION, IHR LEBEN IN ANDERE LEUTE ZU INVESTIEREN – IN DEREN HEIM, KIRCHE UND UMGEBUNG.

C. Christusähnliche Jünger werden auch durch gute Predigten bewusst entwickelt.

- Die Pastoren predigen darüber, wie man im Glauben an Christus wächst.
- Ihre Botschaften gründen auf die Bibel und führen ihre Leute zum Wachsen und in einen tieferen Hunger auf die Bibel.
- Sie nutzen das Wort Gottes als Grundlage für alle Versuche, Menschen zu Jüngern zu machen.
- Sie lehren ihre Leute, die Bibel zu studieren, darüber nachzudenken, was das Wort bedeutet und wie es sich auf ihr Leben bezieht.
- Sie bemühen sich, während des Jahres gut ausbalancierte biblische Botschaften zu predigen.

- Die Pastoren vertrauen dem Heiligen Geist, alles, was sie tun, so zu beleben, dass Christus ähnliche Nachfolger daraus erwachsen.
- Jesus hat zu großen Mengen gepredigt, aber auch seine Jünger sorgfältig im kleinen Kreis gelehrt.
- Jesus hat meistens gepredigt, indem er Gleichnisse (Geschichten) erzählte und damit Menschen beim Lernen half. (Markus 4,34).

D. Die Kirche des Nazareners veranstaltet Gruppenarbeit im Gemeinde-Bibel-Unterricht (GBU), so dass Christus ähnliche Jünger heranwachsen können.
- Die GBU-Lehrer unterrichten Lektionen, mit denen Christus ähnliche Jünger hervorgerufen werden. Das geschieht durch die Auslegung der Schrift und in der Anwendung des Textes im persönlichen Leben.
- Sie kümmern sich nicht nur während der Stunden persönlich um junge Glaubende, sondern beantworten ihre Fragen zum christlichen Glauben auch außerhalb und ermutigen sie, in Gottes Gnade zu wachsen.
- Das GBU-System hat ein Programm entwickelt, das alle Altersgruppen vom Baby- bis zum Seniorenalter abdeckt. Dabei ist das Material so angeordnet, dass die ganze Bibel in systematischer Weise studiert wird. „Bring einem Kind vom Anfang seines Lebens gute Gewohnheiten bei, es wird sie auch im Alter nicht vergessen." (Sprichwörter 22,6)

E. Die Kirche des Nazareners entwickelt Bibelstudien für Kleingruppen, die zu verantwortlichem Handeln ermutigen.
   - Bibelstudium in Kleingruppen ermöglicht jungen Glaubenden und im Glauben Erfahrenen, in Gruppen- und Einzelgesprächen verantwortliches Verhalten zu lernen.
   - In Kleingruppen entwickelt sich auch ein Lebensstil gesunder Beziehungen, die jenseits der Gruppentreffen mit Freunden Verbindungen schaffen.
   - Diese Studiengruppen bieten eine Mischung von Bibelstudium und sozialen Wechselwirkungen, die für ein Wachstum in der Gnade wesentlich sind.
   - Kleine Jüngerschaftsgruppen entwickeln sich so in ein System, das das Leben jenseits des Sonntags unterstützt.

F. Die Kirche des Nazareners ermutigt durch ein gut geplantes Gemeindeprogramm, dass Christus ähnliche Jünger geistlich wachsen.
   - Dazu gehören zum Beispiel Bibelquiz-Programme
   - Jungschararbeit
   - Ferienbibelschulen
   - Programme für die Nachbarschaft an Ostern und Weihnachten
   - Programme für Männer, Frauen, Senioren, Alleinstehende, Menschen mit Behinderungen, Sportprogramme und viele andere, die Menschen helfen, mit Christus und seiner Gemeinde in Beziehung zu kommen.

G. Sie drängt die Glaubenden, alle möglichen Mittel zu nutzen, die ihnen helfen, ihren persönlichen Glauben zu stärken und zu entwickeln, indem sie
- Die Bibel täglich mit Studienhilfen lesen; die Bibel über Audiodateien hören.
- Täglich beten.
- Christliche Musik anhören.
- Christliche Literatur lesen.
- Einen Glaubenspartner finden, der sich verantwortlich weiß, täglich dafür zu beten, dass man ein Christus ähnliches Leben führt.
- Einen Glaubenspartner finden, der sich verantwortlich weiß und einen so sehr liebt, dass er auch harte Fragen stellt.
- Die Disziplin entwickeln, anderen regelmäßig davon zu berichten, was Gott im eigenen Leben bewirkt.

H. Sie ermutigt die Glaubenden, täglich Gottes Gegenwart zu suchen.
- Das Leben eines Christen ist eine enge persönliche Beziehung mit seinem Herrn und Retter.
- Bewusste Jünger wachsen am besten in Christusähnlichkeit, indem sie Zeit mit ihm verbringen.
- Sie hören täglich auf Christi Stimme, nähren sich von seinem Wort und freuen sich an seiner Gegenwart.
- Christus ähnliche Jünger suchen ihn bewusst und vermitteln ihn denen, deren Leben sie berühren.

> **DYNAMISCHE JÜNGERSCHAFT IN EINER GEMEINDE IST GEKENNZEICHNET VON GEBET, DEM WORT GOTTES UND DAVON, BEWUSST ANDEREN ZU HELFEN, MEHR WIE JESUS ZU SEIN.**

I. Die Kirche des Nazareners ermutigt Jünger, bewusst andere zu Jüngern zu machen.
- Der Herr gab ihnen den Auftrag und die Autorität, Menschen zu Jüngern zu machen (Matthäus 28,19-20).
- Unter Gebet laden sie einen reifen Christen ein, für sie bewusst ein Mentor zu sein.
- Unter Gebet laden sie eine kleine Gruppe von Glaubenden ein, Teil ihrer Jüngerschaftsgruppe zu werden.
- Sie investieren ihr Leben in diese Jünger und suchen gemeinsam den Herrn.
- Methoden mit Bibelgeschichten (= story-centered methods): sie lehren in kleinen Gruppen, indem man die ganze Bibel eine Geschichte nach der anderen erzählt. Jünger erhalten damit ein starkes Fundament. Zudem hilft dies, die Botschaft den Menschen weiterzugeben, mit denen sie in Kontakt stehen.
- Dynamische Jüngerschaft in einer Gemeinde ist gekennzeichnet von Gebet, dem Wort Gottes und davon, bewusst anderen zu helfen, mehr wie Jesus zu sein.

5. Gemeindeentwicklung

A. Die erste christliche Kirche begann mit Jesus Christus, der die erste Glaubensgemeinschaft anfing.
   - Diese Glaubensgemeinschaft traf sich regelmäßig, um Gott anzubeten.
   - Dann fing sie an zu wachsen und sich zu vermehren, während neue Gemeinden durch die erste Missionsreise des Paulus und des Barnabas entstanden (Apostelgeschichte 13-14).

B. Paulus begann eine zweite Missionsreise und plante neue Gemeinden, aber der Heilige Geist führte ihn in eine andere Richtung (Apostelgeschichte 16).
   - Christen müssen immer dafür offen sein, dass Gott ihnen eine neue Vision für seine Arbeit schenkt und sein Geist sie anders führt.
   - Paulus hatte eine Vision, die nicht von anderen Leuten oder einer statistischen Erhebung stammte, sondern aus dem Herzen Gottes. Die Vision dafür, wo neue Gemeinden beginnen sollten, muss ebenfalls aus Gottes Herzen kommen.
   - Paulus sah einen Mann, keine Blaupause, Strategie, keinen Slogan, kein Ablaufdiagramm oder Programm, sondern sozusagen die verlorene Menschheit. Die Vision für eine Gemeindegründung sollte sich auf verlorene Menschen konzentrieren, auf Leute, die eine Beziehung zu Jesus Christus brauchen.
   - Paulus sah einen Mazedonier, also eine Person aus einer bestimmten Gegend, mit einer bestimmten Kultur,

Sprache und Geschichte. Gott wird auch uns eine Sicht für Leute einer bestimmten Gruppe oder Gemeinschaft geben. Christen sollten diese Sicht Gottes für sich erkennen und ihr folgen.
- Paulus sah eine Person auf seiner Ebene, nicht jemanden, den er für minderwertig hielt. Christen begegnen anderen von Angesicht zu Angesicht. Die Leute, denen sie die Gute Nachricht bringen, verdienen ihren Respekt.
- Der Mazedonier, den Paulus sah, rief ihm zu: „Komm herüber und hilf uns!" Diese Vision treibt auch uns an: Christen sollten in ihre Stadt und Nachbarschaft, zu ihrer Sippe, ihrem Stamm und ihrer Familie gehen. Sie müssen ihrer Welt Christus bringen.

WIR MÜSSEN CHRISTUS IN UNSERE WELT BRINGEN.

C. Gottes Vision bedeutete, dass er Paulus führte und ihm seinen Plan für die Gemeindeentwicklung darlegte.
- Der Mazedonier stellte sich schließlich als eine Frau heraus, denn Lydia aus Philippi war die Person, die am offensten reagierte.
- Paulus fand die bereitwilligsten Zuhörer in einer Gruppe von Frauen, die am Flussufer beteten.
- Statt in einer jüdischen Synagoge, wie das bei früheren Gemeindegründungen war, begann Paulus seine Arbeit hier in einem Privathaus.

- Lydia, die teure Purpurstoffe verkaufte, leitete diese Hausgemeinde.
- Eine Strategie für Gemeindeentwicklung könnte bedeuten, alte Methoden zu verwerfen.

D. Gemeindegründung erfordert große Opfer.
- Der Dienst brachte Paulus und Silas ins Gefängnis. Sie haben dieses Opfer bereitwillig auf sich genommen. Sie haben in ihrem Leiden Gott Loblieder gesungen (Apostelgeschichte 16,25).
- Heute bringen Gemeindeleiter und Nachfolger Jesu ähnliche Opfer, um neue Gemeinden zu beginnen. Gemeindegründungen können viele Stunden von Gebet, Tränen, harter Arbeit, großem Einsatz, vielem Geld und manchmal sogar von eigenem Blut kosten.
- Trotz der Schwierigkeiten, durch die Paulus und Silas gingen, entstand aus allem, was geschehen war, eine neue Hausgemeinde, und das mit dem Kerkermeister von Philippi als neuem Pastor.

E. Christen müssen in der Gegenwart Gottes leben, damit sie trotz der äußeren Umstände Gottes Heiligen Geist verspüren.
- Paulus und Silas haben die Prügelstrafe und die Nacht im Gefängnis nicht als persönlichen Verlust angesehen, sondern sie verspürten Gottes Geist, der ihnen trotz der schlechten Umstände Sieg schenkte.
- Paulus und Silas wussten, dass Gottes Geist sie leitete und für sie sorgen würde.

- Das Erdbeben in Philippi erinnert daran, dass Gott auch in solchen Lagen wirkt (Apostelgeschichte 16,25-26). Er vergisst Christen nicht, wenn sie im Dienst in Schwierigkeiten geraten.
- Wenn Christen Gott gehorchen und seinen Willen tun, wird er zu seiner Zeit mächtig eingreifen. Selbst wenn böse Mächte gegen den Fortgang des Reiches Gottes vorgehen, hat Gott doch das letzte Wort.
- Wenn Christen Gott gehorchen und seinen Willen tun, wird er zu seiner Zeit mächtig eingreifen. Selbst wenn böse Mächte gegen den Fortgang des Reiches Gottes vorgehen, hat Gott doch das letzte Wort.
- Christen bauen Gottes Reich nicht in eigener Kraft, noch bringen sie es voran; vielmehr baut Gott sein Reich.

F. Strategien der Gemeindeentwicklung haben sich während der Kirchengeschichte geändert.
- Während der ersten 400 Jahre hat die christliche Kirche keine Kirchengebäude gebaut.
- Die Konzepte von vollzeitlichen Pastoren, Gebäuden oder Besitz, die für kirchliche Arbeit bestimmt sind, kamen erst später.
- Die Kirche des Nazareners definiert den Begriff „Kirche" gemäß dem Vorstand der Generalsuperintendenten so: Jede Gruppe, die sich regelmäßig für geistliche Erbauung, Anbetung oder Unterweisung mit einem festgelegten Leiter zu einer bestimmten Zeit und an einem bestimmten Ort trifft, wird als Gemeinde anerkannt. Sie kann in den kirchlichen Statistiken aufgeführt werden, wenn sie sich zugleich der Botschaft und der Mission der

> IN DER KIRCHE DES NAZARENERS IST „KIRCHE" FOLGENDERMASSEN DEFINIERT: EINE GRUPPE, DIE SICH REGELMÄSSIG ZUR GEISTLICHEN STÄRKUNG, ZUM GOTTESDIENST ODER ZUR LEHRE ZU EINER BESTIMMTEN ZEIT AN EINEM BESTIMMTEN ORT MIT EINEM IDENTIFIZIERBAREN LEITER IM EINKLANG MIT DER BOTSCHAFT UND DEM AUFTRAG DER KIRCHE DES NAZARENERS TRIFFT, DARF ALS KIRCHENGEMEINDE ANERKANNT WERDEN UND IN DEN STATISTIKEN DES BEZIRKS UND DER WELTKIRCHE ERFASST WERDEN (RAT DER GENERALSUPERINTENDENTEN). IN ANDEREN WORTEN: EINE KIRCHE IST EINE GRUPPE VON GLAUBENDEN, KEIN GEBÄUDE ODER GRUNDSTÜCK.

Kirche des Nazareners verpflichtet weiß. In anderen Worten ist eine Kirche eine Gruppe von Glaubenden und nicht ein Gebäude oder Besitz.
- Der Heilige Geist leitet die Gemeinde, sich heute in neuer Art zu reproduzieren.
- Jede Gemeinde wird ermutigt, eine Tochtergemeinde zu gründen.
- Diese Tochtergemeinden können sich in Wohnungen oder an anderen Stellen treffen.
- Jeder Pastor sollte Mentor eines (Laien-)Pastors sein, der zum geistlichen Dienst geschult wird.
- Auf diese Weise braucht man keine Geldmittel, da Laien auf Gottes Ruf antworten und beim Beginn einer neuen Gemeinde helfen können.

- Auf diese Weise kann Gott seine Kirche an neuen Stellen in der ganzen Welt aufbauen. Er braucht nur Leute, die bereit sind, Gottes Ruf zu hören, seine Vision anzunehmen und sich von ihm führen zu lassen.

G. Das Ziel der Gemeindeentwicklung ist, neue Leute für Jesus Christus zu erreichen.
- Jesus sagte: „Ich muss auch den anderen Städten die Gute Nachricht verkünden, dass Gott seine Herrschaft aufrichtet; denn dazu hat Gott mich gesandt" (Lukas 4,43).
- Christen sind Botschafter des Reiches Gottes und widmen ihr Leben der Gemeindeentwicklung.
- Ihr Bemühen zielt nicht darauf ab, eine Organisation am Leben zu erhalten.
- Sie wollen, dass möglichst viele Menschen Jesus Christus als ihren Retter kennenlernen.
- Sie möchten dann diese neuen Glaubenden als Jünger schulen, damit sie Christus ähnlich werden.
- Jesus sagte: „Seht euch doch die Felder an! Das Korn ist schon reif für die Ernte." (Johannes 4,35b)

6. Transformierende Leitung

A. Die Kirche des Nazareners versucht, Christus ähnliche Leiter heranzubilden. Dabei ist Jesus ihr Vorbild. Darum ist auch ein transformierender Leiter einer, der Christus ähnlich ist.

B. Transformierende Leiter ordnen sich unter und sind demütig.
- Sie folgen Jesus Christus, der sich dem Willen des Vaters unterordnete (Philipper 2,5-8).
- Sie verlassen sich völlig auf Gott, dass er ihre Gebete beantwortet und sie mit allem versorgt, was sie brauchen (Johannes 15,7).
- Sie ordnen sich der Autorität anderer unter und achten sich selbst geringer (Epheser 5,21).

C. Transformierende Leiter sind Diener.
- Sie folgen dem Beispiel Jesu, der nicht kam, um sich bedienen zu lassen, sondern um anderen zu dienen (Markus 10,45; Matthäus 20,28).
- Sie führen in einem Geist und einer Haltung des Dienens (Philipper 2).

D. Transformierende Leiter sind visionär.
- Der Heilige Geist öffnet den Jüngern die Augen, um auch Menschen zu erreichen, die jenseits ihrer Kultur sind: „Ihr werdet vom Heiligen Geist erfüllt werden. Der wird euch fähig machen, überall als meine Zeugen aufzutreten: in Jerusalem und in ganz Judäa, in Samarien und bis ans äußerste Ende der Erde." (Apostelgeschichte 1,8)
- Obwohl es noch vier Monate zur Ernte war, forderte Jesus die Jünger auf, die Welt neu zu sehen: „Seht euch die Felder an, das Korn ist schon reif zur Ernte." (Johannes 4,34)

- Jesus hat den Leuten eine Vision des Reiches Gottes vermittelt. Christen sollten dasselbe tun und zwar in einer für alle verständlichen Weise.
- Diese Charakteristik stellt den Unterschied zwischen Nachfolgern und Leitern dar. Visionäre Leiter erforschen Gottes Vision für Gemeinden und Ortschaften und malen dann für die andern ein Bild davon.

E. Transformierende Leiter denken strategisch.
- Sie können eine Vision für ihre Ortschaften in Werkzeuge für Gottes Reich verwandeln.
- Sie erkennen das Gebot der Stunde und finden biblische Antworten darauf, wie das die Nachkommen Issachars taten (1. Chronik 12,32).
- Sie fassen die Menschen ins Auge, die für Gottes Reich gewonnen werden sollen.
- Sie verwandeln eine Vision in praktische Schritte, die Glaubende für das Erntefeld mobilisieren.
- Sie können eine Vision und Mission in einfache, aber wirkungsvolle Pläne für Gottes Reich umsetzen (Lukas 14,28-30).

F. Transformierende Leiter bauen Teams.
- Jesus ist dafür das Vorbild; er bildete ein Team, bevollmächtigte es und machte nicht die ganze Arbeit selber (Matthäus 10).
- Jesu Jünger waren einfache Leute, aber sie stellten die Welt auf den Kopf (Apostelgeschichte 17,6).
- Transformierende Leiter bilden Teams, die jeden in der Gemeinde in Gottes Arbeit einsetzen.

G. Transformierende Leiter sind barmherzig und bestimmt.
- Als Jesus seine Jünger in eine evangelistische Arbeit schickte, wies er sie darauf hin, „so klug wie Schlangen und doch ohne Hinterlist wie Tauben" zu sein. (Matthäus 10,16)
- Transformierende Leiter müssen wissen, wie man Gnade und Gesetz, Gericht und Erbarmen in der Waage hält und dabei Heiligung praktiziert.
- Sie müssen weise Entscheidungen treffen und angemessen daran festhalten.
- Ihre Entscheidungen müssen jedoch mit Milde versetzt sein.
- Sie sollten die Wahrheit in Liebe sagen (Epheser 4,15).

H. Transformierende Leiter sollten deutlich kommunizieren.
- Während seines Dienstes sagte Jesus wiederholt: Derjenige, der „Ohren hat zu hören, soll hören" (Matthäus 13,43). Jesus wollte, dass seine Jünger ständig und sorgfältig zuhören.
- Transformierende Leiter sollten versuchen, wie Jesus Christus klar und sorgfältig zu sprechen.
- Transformierende Leiter verstehen, wie wichtig eine klare, eindeutige und überzeugende Kommunikation ist. „Wenn der Trompeter kein klares Signal gibt, wird keiner zum Kampf antreten" (1. Korinther 14,8).

I. Transformierende Leiter bevollmächtigen andere, die nächste Generation aufzurufen, das Reich Gottes voranzubringen.
- Josuas Leitungsstil hat nicht zu einer nächsten Generation von Leitern geführt; er hat nur seine Generation geleitet (Richter 2,10).
- Transformierende Leiter bauen nicht Reiche für ihre Zeit, sondern schulen sowohl die jetzige als auch die nächste Generation.
- Sie finden, schulen und entwickeln Mentoren, die Leiter zurüsten, bevollmächtigen und für Gottes Reich freistellen.
- Kein Leiter ist erfolgreich ohne Nachfolger. „Was ich dir vor vielen Zeugen als Lehre unseres Glaubens übergeben habe, das gib in derselben Weise an zuverlässige Menschen weiter, die imstande sind, es anderen zu vermitteln" (2. Timotheus 2,2).

7. Gezielte Nächstenliebe

A. Gezielte Nächstenliebe stellt Gottes Herz voller Liebe dar.
- Gott sandte seinen Sohn in die Welt, und Jesus starb für die Menschen. So hat Gott seine endgültige Liebe und sein Erbarmen bewiesen.
- Johannes 3,16-17 sagt uns, dass Gott seinen Sohn aus Liebe gab, damit wir ewiges Leben haben. In 1. Johannes 3,16-17 wird zugefügt, dass Gott seine Liebe dadurch ausdrückt, dass Glaubende ihre Liebe gegenüber Gottes Schöpfung in Taten beweisen.

- Jesu Leben, Dienst, Tod und Auferstehung illustrieren, wie jemand von Liebe für andere, ja für die ganze Welt bewegt wird. (Matthäus 9,36)

B. Gezielte Nächstenliebe wird immer in Jesu Namen vollzogen.
- Jesus ist das Vorbild für Barmherzigkeit. In den Evangelien wurde Jesus in seinem tiefsten Innern bewegt, „mit den Menschen zu leiden".
- Jesus war vor allem von Liebe und Fürsorge für die Armen, Verlorenen, Kranken, Ausgestoßenen und Verletzten bewegt.
- Jesus war nicht nur Gott, sondern auch Mensch. Er ist unser Vorbild, wie wir leben und andere lieben sollen.
- All ihr freizügiges und barmherziges Dienen vollbringen Christen in Jesu Namen; sie dienen anderen, um Jesu Liebe zu zeigen. (Matthäus 10,42)

WIR TUN JEDE TAT DES DIENSTS, DER GROSSZÜGIGKEIT ODER DER BARMHERZIGKEIT IN JESU NAMEN, UND UNSER BEMÜHEN DIENT DAZU, JESU LIEBE ZU ZEIGEN.

C. Gezielte Nächstenliebe respektiert die Würde des Einzelnen.
- Gottes Leute bieten Hoffnung, Liebe und Hilfe im Namen Jesu an. Sie tun das auf eine Art, die jeden Einzelnen als Gottes Schöpfung und Ebenbild ehrt.

- Barmherzige Liebe hat nur ein einziges Motiv, nämlich die Liebe Gottes in Christus weiterzugeben.

D. Gezielte Nächstenliebe fließt ganz natürlich aus verwandelten Glaubenden.
- Die Kirche ist aufgerufen, Gottes eigene Liebe und Barmherzigkeit in der Welt neu Gestalt werden zu lassen.
- Barmherzige Liebe ist mehr als menschlicher Einsatz und sozialer Aktivismus.
- Als Leib Christi sind Christen berufen, alle Lebensbereiche in ganzheitlicher Weise zu berühren. Das Leben Jesu und die Leitung des Heiligen Geistes gestalten diesen Dienst.
- Der Heilige Geist verwandelt die Herzen der Glaubenden, die dann physische, soziale und geistliche Veränderung in ihre Welt tragen.
- Barmherzigkeit soll vollständig sein und im ganzen Leben und Dienst jeder Gemeinde sichtbar werden.

E. Gezielte Nächstenliebe ist die wesleyanische Definition einer ganzheitlichen Mission.
- Christen sind durch Gott, den Vater, gesandt und durch den Heiligen Geist bevollmächtigt, mit Liebe in die Welt zu gehen und dem Herrn zu dienen.
- Nazarener glauben, dass der Vater bereits im Leben eines jeden durch die Kraft des Heiligen Geistes wirkt, und sie sind aufgerufen, ihm bei dieser Arbeit beizustehen.
- Wahre Evangelisation ruft Christen auf und verpflichtet sie, sich mit den Leuten in ihrer Umgebung zu beschäftigen und sich auf sie einzulassen.

- Im Namen Jesu wenden sie sich zerbrochenen und leidenden Menschen zu und versuchen, denen Heilung, Hoffnung, Friede und Liebe zu vermitteln, die ausgesondert, verletzlich und in Not sind.
- In liebevoller Freundschaft und Gemeinschaft sind Christen voneinander angezogen und helfen einander auf sozialem Gebiet. So baut Gott auch den Leib Christi und breitet ihn aus.

F. Gezielte Nächstenliebe ist ein natürlicher Ausdruck der Hingabe an Gottes Mission, eine zerbrochene Welt zu erlösen.

- Christen versuchen, eine zerbrochene und verletzte Welt so zu sehen und zu hören und so darauf zu reagieren, wie Gott das auch tut.
- Sie versuchen, all ihre Mittel dafür einzusetzen, menschliches Leiden zu lindern und Gottes Plan für Erneuerung, Ganzheit, Heil und Frieden in und für die Welt umzusetzen.
- Christen versuchen im Namen Jesu außerdem, Gesellschaftssysteme zu reparieren, die Strukturen von Ungerechtigkeit hervorrufen und so Unterdrückung und systemisch Böses (= das Teil des politischen Systems ist) in der Welt bewirken.
- In allem, was wir tun, versuchen wir die Mission des Herrn zu erfüllen und damit Gott Ehre zu geben (Micha 6,8).

GRUNDZÜGE WESLEYANISCHER THEOLOGIE

Das Wunder der verändernden Gnade

„Gnade, die größer als all unsere Sünde ist". Was für ein wunderbarer Gedanke! Und das ist nur die erste Zeile eines großartigen Liedes.

Gott wurde in Jesus Mensch und hat durch ihn die Welt mit sich versöhnt (Johannes 3,15-16; Römer 1,1-16). Gott gab seinen eigenen Sohn hin, während wir noch Sünder waren, „als Opfer zu unserer Versöhnung" (Römer 3,25). Der Herr der ganzen Schöpfung hat die Sünde der Welt auf sich genommen und für uns alle Rettung geschaffen!

Die Gerechtigkeit Gottes und sein Rettungshandeln wurden in Christus Jesus sichtbar (Römer 3,21). Ohne dieses Handeln wäre die ganze Menschheit hoffnungslos von Gott entfremdet (Epheser 1,5-2,10). So jedoch sind alle Mächte besiegt, die Menschen von Gott trennen wollten (Kolosser 2,15). Jetzt aber sind wir „durch Glauben an Jesus Christus" (Römer 3,22) freigemacht (Römer 8,2)!

Das Neue Testament ist ein fortlaufendes Loblied auf Gott, der seine Reichtümer über uns ausgegossen hat (Epheser 1,6-10). In Christus lebt Gott in der ganzen Fülle seines Wesens, und wer Christus annimmt, erhält in ihm die Fülle (Kolosser 2,8-15). Nachdem Paulus die Vorteile von Gottes Gnade untersucht, ruft er aus: „Wie unerschöpflich ist Gottes Reichtum! Wie unergründlich tief ist seine Weisheit! Wie unerforschlich ist alles, was er tut!" (Römer 11,33) Einige dieser Reichtümer für Jesu Nachfolger sind: ihre Sünden sind vergeben, der Geist wohnt in ihnen, Christi Bild wird in ihnen geformt, das ewige Leben, Friede mit Gott, Heiligung, die Gemeinschaft der Kirche werden ihnen geschenkt, und sie hoffen auf die Wiederkunft des Herrn.

Viele Leute hörten tatsächlich eine „gute Nachricht", als Jesus sprach, nämlich, dass Gott die Sünder aus freien Stücken mit sich versöhnt. Sogar ein gehasster Steuereintreiber und eine Frau, die gerade im Ehebruch ertappt worden war, hörten von Gottes Liebe, taten Buße, empfingen Vergebung und ewiges Leben. Gott schenkt sich denen umsonst, die anerkennen, dass sie unfähig sind, etwas tun zu können, womit sie seine Gunst verdienten (Lukas 15).

Der Heilige Geist arbeitet an Menschen , ehe sie es merken, und versucht sie zur Rettung zu ziehen. Der Psalmist sagt, dass es keinen Platz gibt, wo man Gottes Stimme nicht hören könnte (Psalm 19,3). Paulus erzählt, dass die ganze Schöpfung für ihre Existenz ständig von Christus abhängt (Kolosser 1,15-17). Johannes betont, dass Christus jeden erleuchtet (Johannes 1,9).

Der Heilige Geist arbeitet mit seiner Kreativität und Treue in der Gesellschaft und dem Leben des Einzelnen, um Wege für die Gute Nachricht zu öffnen. Er ist schon vor der tatsächlichen Verkündigung der Botschaft da und bereitet Menschen vor, die Gute Nachricht zu hören und sie hoffentlich auch anzunehmen.

Im Nachhinein können alle Christen Spuren solcher Muster erkennen, die der Heilige Geist hinterlassen hat, während er sie zu Christus gebracht und erlöst hat. Diese vorbereitende Dimension von Gottes Gnade nennt man „vorlaufende Gnade", eine Gnade, die den Weg weist.

Gott ist für uns. Alles, was Gott durch seinen Sohn erreicht hat, bietet er uns jetzt durch den Heiligen Geist an. Ja, die ganze Schöpfung nimmt an den Wohltaten der Schöpfung teil, die Gott in seinem Sohn bewirkt hat (Römer 8,19-25).

Die Handlung, mit der Gott Sündern aus Gnade vergibt und sie mit sich selbst versöhnt, nennt man Rechtfertigung. So kommen wir zurück in Gottes Wohlgefallen, und diese Rechtfertigung geschieht aus Gnade durch den Glauben.

Doch Rechtfertigung ist nur eine Dimension des Rettungswerkes Gottes. Ein zweiter Nutzen ist, dass der Geist Gottes im bußfertigen Sünder wohnt, um Gottes Leben hervor zu bringen. Er oder sie sind durch den Geist Gottes neu geboren bzw. erneuert. Das Neue Testament nennt dieses geistliche Leben eine neue Schöpfung, eine neue Geburt, eine Geburt von oben, ewiges Leben, den Eintritt in das Reich Gottes, sich in einem neuen Leben bewegen und das Leben im Geist.

Welche Worte wir auch verwenden, der Heilige Geist nimmt durch das Wunder der göttlichen Gnade in einem Christen Wohnung und bewirkt eine Verwandlung. Wo einmal Tod herrschte, besteht jetzt Leben, Friede mit Gott, wo vorher Krieg herrschte, Hoffnung, wo Verzweiflung lebte. Das Neue Testament unterstreicht: „Wer zu Christus gehört, ist ein neuer Mensch geworden. Was er früher war, ist vorbei; etwas ganz Neues hat begonnen. Das hat Gott getan" (2. Korinther 5,17-18a).

Das Neue Testament spricht davon, dass Christen „in Christus" sind und er in ihnen. Auf der einen Seite sind Christen jetzt mit Gott versöhnt, weil sie im Glauben „in Christus" sind (Römer 8,1), in ihm, der bußfertige Sünder mit dem Vater versöhnt hat.

Auf der anderen Seite spricht das Neue Testament von Christus in uns als „die Hoffnung der Herrlichkeit" (Kolosser 1,27). Durch den Heiligen Geist schenkt der auferweckte Christus sein Leben, sich selbst, seinen Leuten. Er bleibt in ihnen und kultiviert die Frucht des Geistes in ihnen (Galater 5,22-23).

„Aber", fragt so mancher, „welches geistliche Leben kann ich wirklich als Christ erwarten? Werden nicht alte, sündige Gewohnheiten zum Muster meines Lebens werden? Oder bietet der Geist Gottes in mir ein besseres Leben an?" Das Neue Testament antwortet darauf: „Der Geist, der in euch wirkt, ist mächtiger als der Geist, der diese Welt regiert" (1. Johannes 4,4).

Dieselbe Macht, die Jesus Christus von den Toten erweckte, macht ihn zum Sieger über den Tod, die Hölle, Sünde und das

Grab, und diese Macht wirkt jetzt in uns durch den Heiligen Geist (Epheser 1,19)! Früher hat das alte Gesetz von Sünde und Tod regiert, aber jetzt „seid ihr befreit von dem Gesetz, das durch die Sünde in den Tod führt – befreit durch das Gesetz, das mit Hilfe des Geistes und in Verbindung mit Jesus Christus zum Leben führt" (Römer 8,2).

Die freudige Norm für alle Christen ist, dass sie mit dem Heiligen Geist erfüllt sind und jetzt nicht nach dem Fleisch, sondern im Geist leben (Römer 8,1-8). Haben Sie persönlich dieses Wunder der verändernden Gnade Gottes erlebt?

GLAUBENSARTIKEL DER KIRCHE DES NAZARENERS

Präambel
Wir möchten unser von Gott gegebenes Erbe bewahren, den Glauben, der einst den Gläubigen überliefert wurde, besonders die Lehre und Erfahrung der völligen Heiligung als weiteres Werk der Gnade. Ebenso möchten wir mit anderen Gruppierungen der weltweiten Kirche Jesu Christi effektiv am Reich Gottes bauen. Darum bestimmen wir, die Geistlichen und Laienmitglieder der Kirche des Nazareners, gemäß der rechtlichen Verfahrensweise unserer Kirche als Verfassung der Kirche des Nazareners die folgenden Glaubensartikel, die Verpflichtung zum christlichen Charakter und die Richtlinien der Organisation und Kirchenverwaltung. Diese sind:

I. Der dreieinige Gott

1. Wir glauben an den einen ewigen, unendlichen Gott, den souveränen Schöpfer und Erhalter des Universums. Er allein ist Gott, heilig in seinem Wesen, seinen Eigenschaften und seinen

Absichten. Der Gott, der heilige Liebe und Licht ist, ist seinem Wesen nach dreieinig und hat sich als Vater, Sohn und Heiliger Geist geoffenbart.

(1. Mose 1; 3. Mose 19,2; 5. Mose 6,4-5; Jes. 5,16; 6,1-7; 40,18-31; Mt. 3,16-17; 28,19-20; Joh. 14,6-27; 1. Kor. 8,6; 2. Kor. 13,13; Gal. 4,4-6; Eph. 2,13-18; 1. Joh. 1,5; 4,8)1

 ## *II. Jesus Christus*

2. Wir glauben an Jesus Christus, die zweite Person des dreieinigen Gottes. Er war schon von Ewigkeit her eins mit dem Vater. Er wurde durch den Heiligen Geist Mensch und von der Jungfrau Maria geboren. So sind in seiner Person zwei vollkommene Naturen vereint: Gottheit und Menschheit, und somit ist er wahrer Gott und wahrer Mensch, der Gott-Mensch.

Wir glauben, dass Jesus Christus für unsere Sünden gestorben ist. Er ist wahrhaftig von den Toten auferstanden und hat seinen Leib mit allem, was zur Vollkommenheit der menschlichen Natur gehört, wieder angenommen. Damit ist er gen Himmel gefahren und tritt dort für uns vor Gott ein.

(Mt. 1,20-25; 16,15-16; Lk. 1,26-35; Joh. 1,1-18; Apg. 2,22-36; Röm. 8,3.32-34; Gal. 4,4-5; Phil. 2,5-11; Kol. 1,12-22; 1. Tim. 6,14-16; Hbr. 1,1-5; 7,22-28; 9,24-28; 1. Joh. 1,1-3; 4,2-3.15)

III. Der Heilige Geist

3. Wir glauben an den Heiligen Geist, die dritte Person des dreieinigen Gottes. Er ist ständig in der Kirche Christi

gegenwärtig und wirkt in und durch sie. Er überführt die Welt in Bezug auf ihre Sünde und erneuert jene Menschen, die Buße tun und glauben. Er heiligt die Gläubigen und leitet sie in alle Wahrheit, wie sie in Jesus Christus ist.

(Joh. 7,39; 14,15-18.26; 16,7-15; Apg. 2,33; 15,8-9; Röm. 8,1-27; Gal. 3,1-14; 4,6; Eph. 3,14-21; 1. Thess. 4,7-8; 2. Thess. 2,13; 1. Pt. 1,2; 1. Joh. 3,24; 4,13)

IV. Die Heilige Schrift

4. Wir glauben an die vollständige Inspiration der Heiligen Schrift, die aus den 66 Büchern des Alten und Neuen Testamentes besteht. Sie ist durch göttliche Inspiration gegeben und offenbart unfehlbar Gottes Willen für uns in allem, was zu unserem Heil notwendig ist. Daher darf nichts, was in der Heiligen Schrift nicht enthalten ist, zu einem Glaubensartikel erklärt werden.

(Lk. 24,44-47; Joh. 10,35; 1. Kor. 15,3-4; 2. Tim. 3,15-17; 1. Pt. 1,10-12; 2. Pt. 1,20-21)

V. Ursünde und persönliche Sünde

5. Wir glauben, dass die Sünde durch den Ungehorsam unserer ersten Eltern in die Welt kam und durch die Sünde der Tod. Wir glauben, dass die Sünde zweierlei Art ist: die Ursünde oder Verderbtheit und die Sünde als Tat oder persönliche Sünde.

5.1. Wir glauben, dass sich die Ursünde oder Verderbtheit aller Nachkommen Adams darin auswirkt, dass ihre Natur verdorben ist. Durch sie ist jeder Mensch weit entfernt von der ursprünglichen Gerechtigkeit bzw. dem reinen Zustand unserer ersten Eltern, als sie erschaffen wurden. Jeder Mensch steht dadurch im Widerspruch zu Gott, besitzt kein geistliches Leben und neigt ständig zum Bösen. Ferner glauben wir, dass die Ursünde im Leben des Wiedergeborenen weiter besteht, bis das Herz durch die Taufe mit dem Heiligen Geist völlig gereinigt ist.

5.2. Wir glauben, dass sich die Ursünde von der Sünde als Tat unterscheidet. Sie stellt eine ererbte Neigung zur Sünde als Tat dar. Für sie ist niemand verantwortlich, bis er das von Gott gegebene Heilmittel missachtet oder zurückweist.

5.3. Wir glauben, dass die Sünde als Tat oder persönliche Sünde eine bewusste Übertretung eines bekannten Gebotes Gottes ist, die durch eine moralisch verantwortliche Person begangen wird. Sie darf deshalb nicht mit ungewollten und unausweichlichen Unzulänglichkeiten verwechselt werden. Auch nicht mit Schwächen, Irrtümern, Fehlern, Versagen oder anderem Verhalten, das von einem perfekten Lebensstandard abweicht, da diese Auswirkungen des Sündenfalls sind. Allerdings gehören dazu nicht Haltungen bzw. Reaktionen, die dem Geist Christi widersprechen, die man richtigerweise Sünden des Geistes nennt. Wir glauben, dass persönliche Sünde ihrem Wesen nach vor allem das Gebot der Liebe verletzt. Auf Christus bezogen kann Sünde auch als Unglaube bezeichnet werden.

(Ursünde <oft 'Erbsünde' genannt>: 1. Mose 3; 6,5; Hiob 15,14; Ps. 51,7; Jer. 17,9-10; Mk. 7,21-23; Röm. 1,18-25; 5,12-14; 7,1 - 8,9; 1. Kor. 3,1-4; Gal. 5,16-25; 1. Joh. 1,7-8

Persönliche Sünde: Mt. 22,36-40; <dazu 1. Joh. 3,4>; Joh. 8,34-36; 16,8-9; Röm. 3,23; 6,15-23; 8,18-24; 14,23; 1. Joh. 1,9 - 2,4; 3,7-10)

VI. Sühne

6. Wir glauben, dass Jesus Christus durch sein Leiden, durch das Vergießen seines Blutes und durch sein Sterben am Kreuz für alle menschliche Sünde volle Sühne geleistet hat. Diese Sühne ist die einzige Grundlage des Heils, und sie reicht für jeden Menschen aus. Die Sühne Christi ist durch Gottes Gnade wirksam zum Heil für alle, die zu moralischer Verantwortung unfähig sind, und für Kinder, die noch nicht für ihr Handeln verantwortlich sind. Für jene, die das Alter erreicht haben, in dem sie selbst verantwortlich sind, ist sie jedoch nur wirksam, wenn sie Buße tun und (an Jesus Christus) glauben.

(Jes. 53,5-6.11; Mk. 10,45; Lk. 24,46-48; Joh. 1,29; 3,14-17; Apg. 4,10-12; Röm. 3,21-26; 4,17-25; 5,6-21; 1. Kor. 6,20; 2. Kor. 5,14-21; Gal. 1,3-4; 3,13-14; Kol. 1,19-23; 1. Tim 2,3-6; Tit. 2,11-14; Hbr. 2,9; 9,11-14; 13,12; 1. Pt. 1,18-21; 2,19-25; 1. Joh. 2,1-2)

VII. Vorlaufende Gnade

7. Wir glauben, dass die Schöpfung der Menschheit in Gottes Ebenbild die Fähigkeit beinhaltete, zwischen Gut und Böse zu wählen. Dadurch wurde der Mensch moralisch verantwortlich. Wir glauben, dass durch den Sündenfall Adams die Menschheit verdorben wurde, so dass sie jetzt weder aus natürlicher Kraft noch durch eigene Werke umkehren und Gott im Glauben anrufen kann. Doch glauben wir auch, dass die Gnade Gottes durch Jesus Christus allen Menschen frei geschenkt wird. So können alle, die es wollen, sich von der Sünde ab- und der

Gerechtigkeit zuwenden, an Jesus Christus zur Vergebung und Reinigung von Sünde glauben und gute Werke tun, die Gott wohlgefällig und angenehm sind.

Wir glauben, dass alle Menschen, selbst wenn sie die Wiedergeburt und völlige Heiligung erfahren haben, von der Gnade abfallen und abtrünnig werden können. Wenn sie dann nicht mehr über ihre Sünde Buße tun, sind sie hoffnungslos für immer verloren.

> (Gottesebenbildlichkeit und moralische Verantwortlichkeit: 1. Mose 1,26-27; 2,16-17; 5. Mose 28,1-2; 30,19; Jos. 24,15; Ps. 8,4-6; Jes. 1,8-10; Jer. 31,29-30; Hes. 18,1-4; Mi. 6,8; Röm. 1,19-20; 2,1-16; 14,7-12; Gal. 6,7-8
>
> Natürliches Unvermögen: Hiob 14,4; 15,14; Ps. 14,1-4; 51,7; Joh. 3,6a; Röm. 3,10-12; 5,12-14.20a; 7,14-25
>
> Freie Gnade und Werke des Glaubens: Hes. 18,25-26; Joh. 1,12-13; 3,6b; Apg. 5,31; Röm. 5,6-8.18; 6,15-16.23; 10,6-8; 11,22; 1. Kor. 2,9-14; 10,1-12; 2. Kor 5,18-19; Gal. 5,6; Eph. 2,8-10; Phil. 2,12-13; Kol. 1,21-23; 2. Tim. 4,10a; Tit. 2,11-14; Hbr. 2,1-3; 3,12-15; 6,4-6; 10,26-31; Jak. 2,18-22; 2. Pt. 1,10-11; 2,20-22)

VIII. Buße

8. Wir glauben, dass Buße eine aufrichtige und völlige Sinnesänderung der Sünde gegenüber ist. Sie schließt das Bewusstsein persönlicher Schuld und ein freiwilliges Sich-Abwenden von der Sünde mit ein. Solche Buße ist erforderlich von allen, die durch Handeln oder Absicht vor Gott zu Sündern geworden sind. Der Geist Gottes gibt allen, die Buße tun, die gnädige Hilfe zu einem reumütigen Herzen und zur Hoffnung auf

Gnade, so dass sie glauben so Vergebung und geistliches Leben empfangen können.

(2. Chr. 7,14; Ps. 32,5-6; 51,3-19; Jes. 55,6-7; Jer. 3,12-14; Hes. 18,30-32; 33,14-16; Mk. 1,14-15; Lk. 3,1-14; 13,1-5; 18,9-14; Apg. 2,38; 3,19; 5,31; 17,30-31; 26,16-18; Röm. 2,4; 2. Kor 7,8-11; 1. Thess. 1,9; 2. Pt. 3,9)

IX. Rechtfertigung, Wiedergeburt und Annahme

9. Wir glauben, dass die Rechtfertigung das gnädige und richterliche Handeln Gottes ist, durch das er alle Schuld völlig vergibt und die Strafe für begangene Sünden völlig erlässt. Zudem nimmt er so alle als gerecht an, die an Jesus Christus glauben und ihn als Herrn und Retter aufnehmen.

9.1. Wir glauben, dass die Wiedergeburt jenes Gnadenwerk Gottes ist, durch das die sittliche Natur des bußfertigen Gläubigen geistlich erweckt wird und ein deutlich erkennbares geistliches Leben erhält, das zu Glaube, Liebe und Gehorsam fähig ist.

9.2. Wir glauben, dass die Annahme jenes Gnadenwerk Gottes ist, durch das der gerechtfertigte und wiedergeborene Gläubige in die Gotteskindschaft aufgenommen wird.

9.3. Wir glauben, dass Rechtfertigung, Wiedergeburt und Annahme gleichzeitig von denjenigen erlebt werden, die Gott suchen.

Die Bedingung dazu ist der Glaube und diesem geht die Buße voraus. Zu diesem Werk und Stand der Gnade gibt der Heilige Geist Zeugnis.

(Lk. 18,14; Joh. 1,12-13; 3,3-8; 5,24; Apg. 13,39; Röm. 1,17; 3,21-26.28; 4,5-9.17-25; 5,1.16-19; 6,4; 7,6; 8,1.15-17; 1. Kor. 1,30; 6,11; 2. Kor. 5,17-21; Gal. 2,16-21; 3,1-14.26; 4,4-7; Eph. 1,6-7; 2,1.4-5; Phil. 3,3-9; Kol. 2,13; Tit. 3,4-7; 1. Pt. 1,23; 1. Joh. 1,9; 3,1-2.9; 4,7; 5,1.9-13.18)

 # X. Völlige Heiligung

10. Wir glauben, dass Heiligung jenes Wirken Gottes ist, das die Gläubigen Christus ähnlich macht. Das wird durch Gottes Gnade gegeben, indem der Heilige Geist die anfängliche Heiligung oder Wiedergeburt (gleichzeitig mit der Rechtfertigung), die völlige Heiligung und die ständige Arbeit des Vervollkommnens bewirkt. Das wird in der Herrlichkeit zur Vollendung geführt, wenn wir vollständig in das Ebenbild des Sohnes verwandelt werden.

Wir glauben, dass völlige Heiligung jenes Wirken Gottes nach der Wiedergeburt ist, durch das die Gläubigen von der Ursünde oder Verderbtheit befreit und in einen Zustand völliger Ergebenheit an Gott und zu heiligem Gehorsam, der die Liebe vollkommen macht, geführt werden.

Dies geschieht durch die Taufe oder Erfüllung mit dem Heiligen Geist und umfasst in einer Erfahrung die Reinigung des Herzens von Sünde und die ständige, innewohnende Gegenwart des Heiligen Geistes, der den Gläubigen für Leben und Dienst befähigt.

Das Blut Jesu Christi ermöglicht die völlige Heiligung. Sie setzt eine völlige Hingabe voraus und wird durch Gnade augenblicklich in dem bewirkt, der glaubt. Zu diesem Werk und Stand der Gnade gibt der Heilige Geist Zeugnis.

Diese Erfahrung wird auch durch andere Begriffe beschrieben, die ihre verschiedenen Phasen darstellen, z. B. „christliche Vollkommenheit", „vollkommene Liebe", „Herzensreinheit", „Taufe oder Erfüllung mit dem Heiligen Geist", „Fülle des Segens" und „christliche Heiligung".

10.1. Wir glauben, dass es einen deutlichen Unterschied gibt zwischen einem reinen Herzen und einer reifen Persönlichkeit. Das Erste wird in einem Augenblick durch die völlige Heiligung erlangt, das andere durch Wachstum in der Gnade.

Wir glauben, dass die Gnade der völligen Heiligung auch das gottgegebene Verlangen einschließt, in der Gnade zu wachsen und Christus ähnlicher zu werden. Dieses Verlangen muss jedoch bewusst gefördert werden, und der Gläubige muss Voraussetzungen und Verlauf geistlichen Wachstums sorgfältig beachten und sich bemühen, in Wesen und Persönlichkeit Christus immer ähnlicher zu werden. Der Gläubige, der dieses Ziel nicht entschlossen verfolgt, wird in seiner Zeugniskraft geschwächt und die Gnade selbst kann gehindert werden und schließlich verlorengehen.

Indem sie an den Gnadenmitteln teilhaben, besonders an der Gemeinschaft, den geistlichen Disziplinen und den Sakramenten der Kirche, wachsen Gläubige in der Gnade und darin, Gott und den Nächsten von ganzem Herzen zu lieben.

(Jer. 31,31-34; Hes. 36,25-27; Mal. 3,2-3; Mt. 3,11-12; Lk. 3,16-17; Joh. 7,37-39; 14,15-23; 17,6-20; Apg. 1,5; 2,1-4; 15,8-9; Röm. 6,11-13.19; 8,1-4.8-14; 12,1-2; 2.

Kor. 6,14-7,1; Gal. 2,20; 5,16-25; Eph. 3,14-21; 5,17-18.25-27; Phil. 3,10-15; Kol. 3,1-17; 1. Thess. 5,23-24; Hbr. 4,9-11; 10,10-17; 12,1-2; 13,12; 1. Joh. 1,7.9
„Christliche Vollkommenheit", „Völlige Liebe": 5. Mose 30,6; Mt. 5,43-48; 22,37-40; Röm. 12,9-21; 13,8-10; 1. Kor. 13; Phil. 3,10-15; Hbr. 6,1; 1. Joh. 4,17-18
„Herzensreinheit": Mt. 5,8; Apg. 15,8-9; 1. Pt. 1,22; 1. Joh. 3,3
„Taufe mit dem Heiligen Geist": Jer. 31,31-34; Hes. 36,25-27; Mal. 3,2-3; Mt. 3,11-12; Lk. 3,16-17; Apg. 1,5; 2,1-4; 15,8-9
„Voller Segen": Röm. 15,29
„Christliche Heiligung": Mt. 5,1-7,29; Joh. 15,1-11; Röm. 12,1 - 15,3; 2. Kor. 7,1; Eph. 4,17 - 5,20; Phil. 1,9-11; 3,12-15; Kol. 2,20 - 3,17; 1. Thess. 3,13; 4,7-8; 5,23; 2. Tim. 2,19-22; Hbr. 10,19-25; 12,14; 13,20-21; 1. Pt. 1,15-16; 2. Pt. 1,1-11; 3,18; Jud. 20-21)

XI. Die Kirche

11. Wir glauben an die Kirche, die Gemeinschaft, die Jesus Christus als Herrn bekennt. Sie ist das Bundesvolk Gottes, in Christus neu geschaffen, und der Leib Christi, zusammengerufen vom Heiligen Geist durch das Wort.

Gott ruft die Kirche auf, ihr Leben in der Einheit und Gemeinschaft des Heiligen Geistes auszudrücken; im Gottesdienst durch das Predigen des Wortes, das Feiern der Sakramente und durch den Dienst in seinem Namen; durch Gehorsam gegenüber Christus, ein heiliges Leben und gegenseitige Verantwortlichkeit.

Die Kirche ist beauftragt, in der Welt am erlösenden und versöhnenden Dienst Christi in der Kraft des Heiligen Geistes mitzuwirken. Die Kirche erfüllt ihre Mission, indem sie Menschen zu Jüngern macht durch Evangelisation, Ausbildung, Dienst am Nächsten, Einsatz für die Rechte anderer und Zeugnis für das Reich Gottes.

Die Kirche ist eine geschichtliche Realität, deren Form von der jeweiligen Kultur abhängt. Sie existiert als örtliche Gemeinden und als universeller Leib. Sie sondert Personen aus, die von Gott zu besonderen Diensten berufen wurden. Gott ruft die Kirche auf, unter seiner Herrschaft zu leben, in der Erwartung, dass sie bei der Wiederkunft unseres Herrn Jesus Christus vollendet wird.

(2. Mose 19,3; Jer. 31,33; Mt. 8,11; 10,7; 16,13-19.24; 18,15-20; 28,19-20; Joh. 17,14-26; 20,21-23; Apg. 1,7-8; 2,32-47; 6,1-2; 13,1; 14,23; Röm. 2,28-29; 4,16; 10,9-15; 11,13-32; 12,1-8; 15,1-3; 1. Kor. 3,5-9; 7,17; 11,1.17-33; 12,3.12-31; 14,26-40; 2. Kor. 5,11 - 6,1; Gal. 5,6.13-14; 6,1-5.15; Eph. 4,1-17; 5,25-27; Phil. 2,1-16; 1. Thess. 4,1-12; 1. Tim. 4,13; Hbr. 10,19-25; 1. Pt. 1,1-2.13; 2,4-12.21; 4,1-2.10-11; 1. Joh. 4,17; Jud. 24; Offb. 5,9-10)

XII. Taufe

12. Wir glauben, dass die christliche Taufe ein von unserem Herrn gebotenes Sakrament ist. Sie macht sichtbar, dass jemand die Versöhnung in Jesus Christus angenommen hat. Die Taufe wird an Gläubigen vollzogen und verkündet, dass sie an Jesus Christus als ihren Retter glauben und ihm in Heiligkeit und Gerechtigkeit gehorchen wollen.

Da die Taufe ein Symbol des neuen Bundes ist, können auch kleine Kinder getauft werden, wenn Eltern oder Erziehungsberechtigte dies wünschen und eine christliche Erziehung zusichern.

Die Taufe kann nach Wahl des Täuflings oder seines Vertreters durch Besprengen, Begießen oder Untertauchen vollzogen werden.

(Mt. 3,1-7; 28,16-20; Apg. 2,37-41; 8,35-39; 10,44-48; 16,29-34; 19,1-6; Röm. 6,3-4; Gal. 3,26-28; Kol. 2,12; 1. Pt 3,18-22)

XIII. Abendmahl

13. Wir glauben, dass das von unserem Herrn und Retter Jesus Christus eingesetzte Gedächtnis- und Gemeinschaftsmahl seinem Wesen nach ein neutestamentliches Sakrament ist. Es verkündet seinen Opfertod, der für die Gläubigen Erlösung, Leben und die Zusage aller geistlichen Segnungen in Christus erworben hat. Es ist ausdrücklich für die bestimmt, die bereit sind, seine Bedeutung ehrfurchtsvoll zu würdigen und dadurch des Herrn Tod zu verkünden, bis er wiederkommt. Da es ein Gemeinschaftsmahl ist, sollten nur diejenigen teilnehmen, die an Jesus Christus glauben und ihre Mitchristen lieben.

(2. Mose 12,1-14; Mt. 26,26-29; Mk. 14,22-25; Lk. 22,17-20; Joh. 6,28-58; 1. Kor. 10,14-21; 11,23-32)

XIV. Göttliche Heilung

14. Wir glauben an die biblische Lehre, dass Gott Menschen heilt. Deshalb fordern wir unsere Gemeindeglieder auf, vertrauensvoll für die Heilung der Kranken zu beten. Wir glauben außerdem, dass Gott auch mit Hilfe der medizinischen Wissenschaft heilen kann.

(2. Kön. 5,1-19; Ps. 103,1-5; Mt. 4,23-24; 9,18-35; Joh. 4,46-54; Apg. 5,12-16; 9,32-42; 14,8-15; 1. Kor. 12,4-11; 2. Kor. 12,7-10; Jak. 5,13-16

XV. Die Wiederkunft Christi

15. Wir glauben, dass der Herr Jesus Christus wiederkommen wird. Wir, die wir bei seinem Kommen leben, werden denen nicht vorangehen, die in Christus Jesus entschlafen sind. Aber wir werden, wenn wir in ihm bleiben, mit den auferstandenen Gläubigen zusammen dem Herrn in der Luft begegnen und für immer beim Herrn sein.

(Mt. 25,31-46; Joh. 14,1-3; Apg. 1,9-11; Phil. 3,20-21; 1. Thess. 4,13-18; Tit. 2,11-14; Hbr. 9,26-28; 2. Pt. 3,3-15; Offb. 1,7-8; 22,7-20)

XVI. Auferstehung, Gericht und ewiges Leben

16. Wir glauben an die Auferstehung der Toten und dass der Leib der Gerechten wie der Ungerechten zum Leben erweckt und mit ihrem Geist vereint wird, und zwar „die da Gutes getan haben zur Auferstehung des Lebens, die aber Böses getan haben, zur Auferstehung des Gerichts" (Joh. 5,29).

16.1. Wir glauben an das zukünftige Gericht, bei dem jeder Mensch vor Gott erscheinen muss, um nach seinen Werken in diesem Leben gerichtet zu werden.

16.2. Wir glauben, dass all denen, die dem Herrn Jesus Christus als ihrem Retter vertrauen und ihm gehorsam folgen, ein herrliches und ewiges Leben zugesichert ist. Doch alle bis zum Ende Unbußfertigen werden ewig in der Hölle leiden.

(1. Mose 18,25; 1. Sam. 2,10; Ps. 50,6; Jes. 26,19; Dan. 12,2-3; Mt. 25,31-46; Mk. 9,43-48; Lk. 16,19-31; 20,27-38; Joh. 3,16-18; 5,25-29; 11,21-27; Apg. 17,30-31; Röm. 2,1-16; 14,7-12; 1. Kor. 15,12-58; 2. Kor 5,10; 2. Thess. 1,5-10; Offb. 20,11-15; 22,1-15

* Bibelstellen dienen als Belege für die Glaubensartikel und wurden hier auf Veranlassung des Weltkirchentags 1976 eingefügt, aber sie sind eigentlich kein Bestandteil der Kirchenverfassung.

DIE EKKLESIOLOGIE DER KIRCHE DES NAZARENERS

Ein Teil der christlichen Kirche sein

Das Wort „Kirche" ist oft schwer zu verstehen. Da wir es in so verschiedener Weise nutzen, müssen wir es näher definieren. Man nennt das „Ekklesiologie" oder „Lehre von der Kirche".

Die Kirche des Nazareners identifiziert sich zunächst einmal mit dem, was die Bibel „das Volk Gottes" nennt, genauer gesagt mit der „einen, heiligen, universellen und apostolischen Kirche". Dieses Zitat kommt von einem alten Glaubensbekenntnis, und Christen in der ganzen Welt und aller Zeiten akzeptieren es.

Jedes der vier Adjektive beschreibt einen wichtigen Aspekt „der Kirche".

Nazarener sind "in Christi Kirche" getauft, nicht "in die Kirche des Nazareners". Mit der Taufe vollziehen sie einen persönlichen Schritt und zeigen zugleich, dass sie zu einer Körperschaft bzw. Gemeinschaft gehören, in der sie Gottes Gnade am Wirken sehen: seine vorlaufende Gnade (Gott wirkte in unserem Leben, ehe wir ihn kannten) und seine rettende Gnade.

Nazarener-Pastoren werden „in die Kirche Gottes" ordiniert (wie ihre Ordinationsurkunde sagt), nicht "in die Kirche des Nazareners". Deshalb sind Nazarenergemeinden konkreter Ausdruck der „universellen Kirche". Dieser Begriff beschreibt die Gemeinschaft aller Glaubenden überall und zu allen Zeiten.

Nazarener bestätigen, was die Bibel über die Heiligkeit Gottes und seiner Kirche sagt. Gott hat die Kirche als Werkzeug seiner göttlichen Gnade erwählt und sie durch den Heiligen Geist ins Leben gerufen. Der Heilige Geist ist die Lebenskraft der Kirche, und er formt sie zu Christi lebendigem Leib in dieser Welt. Die christliche Kirche bezeugt die Wahrheit, dass Gott anzubeten das eine, wahre Ziel des menschlichen Lebens ist. Darum ruft sie Sünder dazu auf, Buße zu tun und ihr Leben zu ändern. Sie nährt in Glaubenden ein heiliges Leben durch ein reichhaltiges Gemeindeleben und ruft sie auf, geheiligt zu werden, also ein Christus ähnliches Leben zu führen. Die Kirche zeigt dieser Welt durch ihre Heiligkeit und Treue Gottes Reich. Im wahrsten Sinne des Wortes ist die Kirche Maßstab ihrer eigenen Botschaft.

An Gottes Mission ausgerichtet sein

Mission hat ihren Ursprung in Gott und Christen leiten ihre Mission davon ab. Gott hat ein Universum in unvorstellbarer Größe geformt. In der Natur und durch die Geschichte hat er ein Volk geschaffen, das sein göttliches Ebenbild trägt, damit seine göttliche Liebe darin blüht. Als die Sünde die Schöpfung ruinierte, wurde deutlich, dass Gottes Mission Erlösungscharakter besaß, dass es in ihr um „die Erneuerung der gesamten Schöpfung hin zu den ursprünglichen Schöpfungsabsichten Gottes" geht. Die Erneuerung der Menschheit ist ein grundlegender Teil von Gottes Mission.

John Wesley hat diese Erneuerung mit dem Begriff "Heiligung" beschrieben. In seinen Worten geht es um „die Erneuerung der Seele in Gottes Ebenbild", die er als „Gerechtigkeit und wahre Heiligkeit" beschrieb. Gottes Mission spiegelte sich schon in der Berufung Abrahams, den er auswählte, um ihn zu segnen, sodass Abrahams Nachkommen „ein Segen für alle Völker" sein könnten (1. Mose 12,1-3). Diese Mission wurde in der Geschichte der Hebräer bekundet; sie waren Zeugnis für den einen Gott, dessen Namen sie allen Nationen der Erde verkündeten.

Christen erfahren Gott als die Heilige Dreieinigkeit, das heißt drei Personen in einer; in ihr ist er am deutlichsten in Jesus Christus, dem Herrn, offenbart. Der Heilige Geist lädt Christen ein, an Gottes Mission teilzuhaben und bevollmächtigt sie dazu. Die Kirche wird Teil des Bundes, den Gott zuerst mit Abraham geschlossen hat. Als Teil ihres geheiligten Lebens fährt die Kirche fort, für alle Nationen ein Segen zu sein.

Die Kirche des Nazareners reicht anderen Christen die Hand in Gottes Mission, aber sie bleibt bei ihrer Vision einer internationalen Denomination, die ihre besondere Lebensweise organisiert. Staatliche Grenzen definieren nicht die Grenzen der Kirche, denn Christus öffnet sie für alle Nationen und Rassen.

Wie Christus in der Welt dienen

Grundlage des christlichen Dienstes ist der biblische Auftrag, Gottes Liebe zu bezeugen, eine Liebe, die am deutlichsten in der Person Christi sichtbar wird. Glaubende bestätigen diesen Dienst mit ihrer Taufe. Mit ihr geben sie bekannt, dass sie als Jünger Christi ein öffentliches Zeugnis sein wollen. Ein treuer Jünger zu sein, ist ein äußeres Zeichen für Gottes Gnade. Zugleich ist es Zeichen der Gnade Gottes, die in dieser Welt wirkt, die „Gott so sehr geliebt" hat (Johannes 3,16). Alle Glaubenden sind Glieder an Christi Leib und zum Dienst ausgerüstet. Einige sind dazu berufen, besondere Leiter in der Gemeinde zu sein, und die Kirche ordiniert sie als apostolische Diener. Das bedeutet, dass die Kirche sie als Leiter anerkennt, die das Werk fortsetzen, das die Apostel begonnen haben. Ihre Berufung ist gegründet in ihrer persönlichen Erfahrung Gottes.

Die Pastorenschaft (diejenigen, die als Pastoren ordiniert sind) und die Laien (alle anderen Glaubenden) erkennen und bestätigen gemeinsam die Gnadengaben, die alle Glieder des Leibes Christi haben. Das geschieht zunächst in der örtlichen Gemeinde. Dann wählen sie am Bezirkskirchentag diejenigen, die als Pastoren ordiniert werden sollen (die Nazarener-Gemeinden kommen jährlich zu Bezirkskirchentagen zusammen, um einander und die Arbeit der Denomination zu unterstützen). Diakone werden berufen und ebenfalls ordiniert, jedoch liegt ihre Hauptverantwortung nicht im Predigen und Dienst an den

Sakramenten. Älteste (= Pastoren) werden ordiniert, um den Leib Christi durch das Predigen der Guten Nachricht und das Austeilen der Sakramente zu formen, um Menschen durch Anbetung und Gottesdienst geistliches Wachstum zu ermöglichen und das Gemeindeleben zu ordnen.

Superintendenten werden für den Dienst im Bezirk oder der weltweiten Kirche durch Versammlungen von Laien und Geistlichen gewählt. Die pastorale und geistliche Leitung von Bezirkssuperintendenten bezieht sich auf Gemeinden, Glieder und Geistliche einer bestimmten Gegend. Generalsuperintendenten üben einen apostolischen und pastoralen Dienst aus, der die gesamte Denomination betrifft. Sie sorgen dafür, dass die Kirche in Lehre und Heiligkeit Einheit bewahrt. Durch ihre Kollegialität geben sie ein Beispiel für das Leben Christi und vermitteln eine Vision, die sich die ganze Kirche zu eigen machen kann.

Die Generalsuperintendenten haben internationale Aufgaben. Sie müssen eine Vision artikulieren sowie Mittel benennen, die für verschiedene Teile der Kirche benötigt werden. Sie nehmen teil am Verteilen der Mittel für notleidende Gegenden des weltweiten Dienstes und führen die Kirche in ihrer Mission und Botschaft zusammen. Durch die Ordination von Geistlichen auf den verschiedenen Bezirkskirchentagen und in anderer Weise halten sie trotz all der nationalen, wirtschaftlichen, rassischen und sprachlichen Unterschiede die Einheit der Denomination aufrecht.

FORM UND ORGANISATION DER KIRCHE DES NAZARENERS

Nazarener haben immer anerkannt, dass sie nur eine Form der universellen Kirche sind. Sie sind davon überzeugt, dass die Bibel keine bestimmte Form oder Organisation der Kirche vorschreibt; darum können diese durch gemeinsames Einverständnis geändert

werden, sofern nichts davon der Bibel widerspricht. Deshalb glauben Nazarener, dass ihr Zweck und ihre Mission die Struktur bestimmen sollten. (Für weitere Hinweise ist es sinnvoll die „geschichtliche Erklärung" im Manual der Kirche des Nazareners zu studieren.)

Die Kirche des Nazareners vertritt eine demokratische Struktur der Kirchenform (auch „methodistisch-bischöfliche Organisation" genannt). Dabei wurden die Stimmen der Geistlichen und Laien stärker berücksichtigt und die Macht des bischöflichen Amtes begrenzt; stattdessen haben sie beschlossen, „Superintendenten" zu wählen.

Hier sind die Grundelemente der Organisation der Kirche des Nazareners.

- Sie hat drei Ebenen der Leitung:
    1. Gemeinden wählen Delegierte, die sie auf dem jährlichen Bezirkskirchentag repräsentieren.
    2. Die Bezirkskirchentage wählen Delegierte zum Weltkirchentag, der alle vier Jahre zusammen kommt.
    3. Entscheidungen des Weltkirchentages sind für die ganze Kirche und alle ihre Teile bindend.
- Der Weltkirchentag wählt Generalsuperintendenten. Sie führen die allgemeinen Dienste der Denomination und sind für die weltweite Kirche zuständig. Sie dienen bis zum nächsten Weltkirchentag und müssen jeweils wiedergewählt werden. Jeder Generalsuperintendent ist für eine bestimmte Anzahl von Bezirken zuständig; für sie hält er die Bezirkskirchentage und ordiniert neue Geistliche für sein Verantwortungsgebiet. Die Zahl der Generalsuperintendenten war nicht immer dieselbe; seit

1960 sind es sechs. Gemeinsam bilden sie den Vorstand der Generalsuperintendenten, der sich mehrmals im Jahr trifft.
- Der Weltkirchentag wählt einen Hauptvorstand, der von einer gleichen Zahl Laien und Geistlichen besetzt ist. Er trifft sich jährlich und wählt die Verantwortlichen für die weltweite Kirche und die Abteilungsleiter. Er prüft die Verfahrensweisen, das Budget und die Tätigkeit der besonderen Dienste der weltweiten Kirche.
- Die Gemeinden einer bestimmten Gegend werden in Bezirken zusammengefasst und von einem Bezirkssuperintendenten geleitet. Die Bezirksgemeinde ist organisiert, um die Mission der Kiche besser erfüllen zu können, und findet jährlich auf einem Bezirkskirchentag zusammen. Der Bezirkskirchentag wählt einen Bezirkssuperintendenten; seine Verantwortung ist, die Gemeinden und Pastoren aufzuerbauen, neue Gemeinden zu beginnen und für die Gesundheit des Bezirks zu sorgen.
- Gemeinden berufen ihren Pastor; dies geschieht in Beratung und mit Zustimmung des Bezirkssuperintendenten. Sie sind für ihre eigenen Finanzen und die Gemeindearbeit verantwortlich.
- Die Nazarenerbezirke sind in Weltregionen zusammengefasst. Derzeit sind dies sechs Regionen, Afrika, Asien-Pazifik, Eurasien, Mesoamerika, Südamerika und USA-Kanada. Die Weltregionen sind Strukturen, die dazu helfen sollen, die Mission der Kirche voranzutreiben. Sie sind nicht Teil der Leitungsstruktur.
- Gemeindegebäude und Pastorate sind Eigentum des Bezirks, sind jedoch in die Verantwortung der Gemeinden übergeben.

- Frauen und Männer können in gleicher Weise in allen Ämtern der Kirche dienen – sowohl als Geistliche oder auch Laien.
- Die wichtigen Dokumente, Leitungsstruktur und Organisation sind im Manual der Kirche des Nazareners (Kirchenverfassung) zusammengefasst. Änderungen des Manuals erfolgen durch den Weltkirchentag.

DIE KIRCHE

Die Gemeinde vor Ort

Die Kirche des Nazareners möchte, dass alle Menschen die verwandelnde Gnade Gottes erleben, indem sie in Jesus Christus Vergebung der Sünden und Reinigung des Herzens durch die Kraft des Heiligen Geistes erfahren.

Ihre vorrangige Mission ist, „christusähnliche Nachfolger in allen Nationen zu machen". Sie ist überzeugt, dass junge Glaubende zudem Teil einer ihrer Gemeinschaften werden sollten und Glieder von örtlichen Gemeinden, wo sie zugerüstet werden, Christus zu dienen.

Das letztendliche Ziel der Gemeinschaft des Glaubens ist, dass am Jüngsten Tag jeder vollkommen in Christus dasteht (Kolosser 1,28).

In der Ortsgemeinde findet diese Arbeit statt; dort werden Menschen gerettet, geheiligt, gelehrt und beauftragt. Die Ortsgemeinde, der Leib Christi, repräsentiert den Glauben und die Mission.

Die Bezirksgemeinde

Aus Verwaltungsgründen gruppieren sich Ortsgemeinden in Bezirke und Regionen.

Ein Bezirk setzt sich aus miteinander verbundenen Ortsgemeinden zusammen. Dies geschieht, um die Mission jeder Ortsgemeinde zu erleichtern. So unterstützen sie sich gegenseitig, teilen Mittel und arbeiten zusammen.

Der Bezirkssuperintendent beaufsichtigt zusammen mit dem Bezirkskirchenrat einen bestimmten Bezirk.

Die weltweite Kirche

Grundlage der Einheit der Kirche des Nazareners sind die Glaubenssätze, Administration, Definitionen und Vorgehensweisen, die im Manual (Kirchenverfassung) der Kirche des Nazareners zu finden sind.

Der Kern der Einheit wird in den Glaubensartikeln verkündet. Die Kirche ermutigt die Nazarener in allen Regionen und Sprachen, diese zu übersetzen und zu verteilen sowie die Leute diese Glaubenssätze zu lehren. Das ist der goldene Faden, der alles verbindet, was Nazarener tun und sind.

Ein öffentliches Abbild dieser Einheit kann man im Weltkirchentag erkennen. Er ist „die oberste Instanz der Kirche des Nazareners. Er formuliert die Glaubensartikel, erlässt Gesetze und Verordnungen und wählt die Verantwortlichen der Kirche." (Manual 300)

Ein zweites Abbild kann man im internationalen Hauptvorstand erkennen, da er die gesamte Kirche repräsentiert.

Ein drittes Abbild ist der Vorstand der Generalsuperintendenten; sie können auslegen, wie das Manual richtig zu verstehen ist, genehmigen kulturelle Anpassungen und ordinieren Leute für den geistlichen Dienst.

Die Verwaltung der Kirche des Nazareners ist repräsentativ und vermeidet dadurch sowohl die Extreme der bischöflichen Leitung als auch einer unbegrenzten Macht selbstverwalteter Gemeinden.

Die Kirche gehört nicht nur zusammen, sondern ist eng miteinander verbunden. Diese Verbindung besteht nicht nur aus einer einzelnen Schnur, die jederzeit durchgeschnitten werden kann. (Sprüche 4,12)

Die Quelle dieser Verbundenheit ist Jesus Christus.

EINE ENG MITEINANDER VERBUNDENE KIRCHE

Die Kirche des Nazareners ist ein gut verbundenes Netz von Menschen und Gemeinden, deren Brennpunkt die Lehre der Heiligung ist. Es ist nicht eine lose Verbindung unabhängiger Gemeinden, noch ist die Denomination nur eine Sammlung von Gemeinden, die in einigen Glaubenssätzen übereinstimmen, ohne dass sie eine wirkliche, organische Beziehung zueinander hätten.

Die Kirche schämt sich nicht, eng miteinander verbunden zu sein.

Die Nazarener meinen damit, dass sie eine voneinander abhängige Körperschaft von Ortsgemeinden sind, die in Bezirken organisiert sind, um ihre gemeinsame Mission auszuführen, „christusähnliche Jünger in allen Nationen zu machen". Sie haben sich verpflichtet, einander für die Mission verantwortlich zu sein und die Einheit der gemeinsamen Glaubenssätze aufrechtzuerhalten.

Als eine eng miteinander verbundene Kirche teilen sie
- Glaubenssätze,
- Werte,
- Mission und
- Verantwortung.

Geteilte Verantwortung schließt finanzielle Zusammenarbeit ein. Jede Gemeinde beteiligt sich am Weltmissionsopfer und an anderen besonderen Opfern für die Mission.

Geteilte Verantwortung schließt finanzielle Zusammenarbeit ein. Jede Gemeinde beteiligt sich am Weltmissionsopfer und an anderen besonderen Opfern für die Mission.

Die Kirche des Nazareners folgt dem Prinzip des gleichen Opferns, nicht des gleichen Gebens. Das ist ein biblisches Konzept, und für eine weltweite Kirche ist es grundlegend, dass dies unabhängig von der wirtschaftlichen Entwicklung der Ortsgemeinde geschieht.

Das Weltmissionsopfer ist der Plan, wie Nazarener ihre Kirche finanzieren. Zuweilen hören Sie vielleicht den Begriff „die Mission finanzieren". Er umfasst noch mehr als das Weltmissionsopfer.

Denn er stellt die unterschiedlichen Weisen dar, wie in verschiedenen Weltgegenden die Mission finanziert wird.

In allen Weltmissions-Regionen werden Mission und Dienste der Kirche gerne unterstützt. Und dieses aufopferungsvolle Geben für viele hat für die Kirche große Bedeutung.

Wenn man das gesamte Geben weltweit betrachtet, werden statistisch gesehen durchschnittlich 86,1 % der Mittel für den Dienst in Ihrer Ortsgemeinde eingesetzt. Für die Bezirksarbeit werden etwa 4,5 % genutzt. Die Hochschulen der Nazarener, die Studenten ausbilden und sie geistlich begleiten, nutzen etwa 1,8 % der Mittel. Und die restlichen 7,6 % des Geldes werden für die Weltmission, Missionare, weltweite Dienste und andere besonders genehmigte Projekte eingesetzt.

Ihre Gaben ermöglichen so, Kinder, junge Menschen und Erwachsene zu schulen, sie geistlich zu begleiten und ihnen die Gute Nachricht zu bringen.

WIE NAZARENER DIE MISSION FINANZIEREN:

DIENST IN DER ORTSGEMEINDE 86,1%.

WELTMISSION, BESONDERE PROJEKTE 7,6%.

BEZIRKSARBEIT 4,5%.

HOCHSCHULEN UND AUSBILDUNG 1,8%.

Wenn Sie geben, reichen Sie Nazarenern in einer eng miteinander verbundenen Kirche die Hand. Gemeinsam geben Sie Gottes Liebe an Menschen weiter, die innerlich verletzt sind, erreichen Verlorene in aller Welt und machen in allen Nationen christusähnliche Jünger.

Mit dem Weltmissionsopfer, Sonderopfern für die Mission, ja, den gesamten Mitteln, die die Mission finanzieren, teilen Nazarener Verantwortung. Sie ermöglichen der Kirche, Missionare auszusenden, nationale Leiter und Lehrer zu schulen, die die nächste Generation von Nazarenern evangelisieren, sie geistlich begleiten und lehren.

Christlich. Heiligung. Missional.

Nazarener sehen, wie die Vision ihres ersten Generalsuperintendenten, Phineas F. Bresee, erfüllt wird. Er sprach von Anfang an von einem „göttlichen Panorama", in dem die Kirche des Nazareners den Globus mit der Botschaft umspannt, „gerettet und dem Herrn heilig zu sein".

Jeder Nazarener, wo immer er oder sie sein mag, ist Teil der Verwirklichung dieser Vision.

Jedes veränderte Leben ist Zeugnis der wesleyanischen Heiligungslehre von voller Rettung für alle.

Die Mission der Kirche, „christusähnliche Jünger in allen Nationen zu machen", erinnert daran, dass Nazarener eine geistliche Verantwortung haben; zugleich sollen sie gute Verwalter aller Mittel sein, die ihnen vom Herrn anvertraut sind.

Die Mission kommt von Gott. Das bedeutet, dass Christen dieses Vorhaben von höchster Stelle anvertraut erhalten haben, und dass es vom Heiligen Geist, der in ihnen lebt, ermöglicht wird.

Nazarener ehren das „großartige Erbe", aber die Kirche kann weder zurückgehen noch bleiben, wo sie sich befindet. Als Nachfolger Jesu Christi ist sie angehalten, sich auf die Stadt zuzubewegen, „dessen Architekt und Erbauer Gott ist" (Hebräer 11,10).

Siehe, Gott macht alles neu!

Ortsgemeinden und Werke im deutschsprachigen Europa

- Bad Hersfeld
- Berlin (Jakobus-Gemeinde): www.jakobus-nazarener.de
- Berlin (Johannes-Gemeinde): www.johannesgemeinde-berlin.de
- Berlin (Lydia-Gemeinde): www.lydia-gemeinde.net
- Bruchköbel: www.bruchkoebel.nazarener.de
- Frankenthal: www.frankenthal.nazarener.de
- Frankfurt (Barnabas-Gemeinde): www.barnabasgemeinde.de
- Frankfurt (Gemeinde Hügelstraße): www.frankfurt.nazarener.de
- Gelnhausen: www.kdngelnhausen.de
- Gemeindeakademie: www.gemeindeakademie.eu
- Gottmadingen: www.nazarener-gottmadingen.de
- Hamburg: www.kdn.hamburg
- Hanau: www.kdn-hanau.de
- Helping Hands: www.helpinghandsev.org
- Ichthys: www.ichthys-mahlow.de
- Kaiserslautern: www.kl-naz.com
- Kirche in Aktion: www.kircheinaktion.de
- Mahlow (Paulus-Gemeinde): www.paulus-nazarener.de

- Neuhausen am Rheinfall
- Schaffhausen: www.sh-international-church.com
- Stuttgart (deutschsprachig)
- Stuttgart (international): www.stuttgart-nazarene.de
- Wächtersbach: www.waechtersbach.nazarener.de

Lightning Source UK Ltd.
Milton Keynes UK
UKOW07f2350280217
295601UK00011B/39/P